U0590953

中国文化百科

青铜
国之重器青铜

刘干才 编著　胡元斌 丛书主编

汕頭大學出版社

图书在版编目（CIP）数据

青铜：国之重器青铜 / 刘干才编著. -- 汕头：汕
头大学出版社，2015.2（2020.1重印）
（中国文化百科 / 胡元斌主编）
ISBN 978-7-5658-1607-9

Ⅰ.①青… Ⅱ.①刘… Ⅲ.①青铜器（考古）—介绍
—中国 Ⅳ.①K876.41

中国版本图书馆CIP数据核字(2015)第020784号

青铜：国之重器青铜　　　　　QINGTONG：GUOZHI ZHONGQI QINGTONG

编　　著：刘干才
丛书主编：胡元斌
责任编辑：叶　慧
封面设计：大华文苑
责任技编：黄东生
出版发行：汕头大学出版社
　　　　　广东省汕头市大学路243号汕头大学校园内　邮政编码：515063
电　　话：0754-82904613
印　　刷：三河市燕春印务有限公司
开　　本：700mm×1000mm　1/16
印　　张：7
字　　数：50千字
版　　次：2015年2月第1版
印　　次：2020年1月第2次印刷
定　　价：29.80元
ISBN 978-7-5658-1607-9

前 言

　　中华文化也叫华夏文化、华夏文明，是中国各民族文化的总称，是中华文明在发展过程中汇集而成的一种反映民族特质和风貌的民族文化，是中华民族历史上各种物态文化、精神文化、行为文化等方面的总体表现。

　　中华文化是居住在中国地域内的中华民族及其祖先所创造的、为中华民族世世代代所继承发展的、具有鲜明民族特色而内涵博大精深的传统优良文化，历史十分悠久，流传非常广泛，在世界上拥有巨大的影响。

　　中华文化源远流长，最直接的源头是黄河文化与长江文化，这两大文化浪涛经过千百年冲刷洗礼和不断交流、融合以及沉淀，最终形成了求同存异、兼收并蓄的中华文化。千百年来，中华文化薪火相传，一脉相承，是世界上唯一五千年绵延不绝从没中断的古老文化，并始终充满了生机与活力，这充分展现了中华文化顽强的生命力。

　　中华文化的顽强生命力，已经深深熔铸到我们的创造力和凝聚力中，是我们民族的基因。中华民族的精神，也已深深植根于绵延数千年的优秀文化传统之中，是我们的精神家园。总之，中国文化博大精深，是中华各族人民五千年来创造、传承下来的物质文明和精神文明的总和，其内容包罗万象，浩若星汉，具有很强文化纵深，蕴含丰富宝藏。

　　中华文化主要包括文明悠久的历史形态、持续发展的古代经济、特色鲜明的书法绘画、美轮美奂的古典工艺、异彩纷呈的文学艺术、欢乐祥和的歌舞娱乐、独具特色的语言文字、匠心独运的国宝器物、辉煌灿烂的科技发明、得天独厚的壮丽河山，等等，充分显示了中华民族厚重的文化底蕴和强大的民族凝聚力，风华独具，自成一体，规模宏大，底蕴悠远，具有永恒的生命力和传世价值。

在新的世纪，我们要实现中华民族的复兴，首先就要继承和发展五千年来优秀的、光明的、先进的、科学的、文明的和令人自豪的文化遗产，融合古今中外一切文化精华，构建具有中国特色的现代民族文化，向世界和未来展示中华民族的文化力量、文化价值、文化形态与文化风采，实现我们伟大的"中国梦"。

习近平总书记说："中华文化源远流长，积淀着中华民族最深层的精神追求，代表着中华民族独特的精神标识，为中华民族生生不息、发展壮大提供了丰厚滋养。中华传统美德是中华文化精髓，蕴含着丰富的思想道德资源。不忘本来才能开辟未来，善于继承才能更好创新。对历史文化特别是先人传承下来的价值理念和道德规范，要坚持古为今用、推陈出新，有鉴别地加以对待，有扬弃地予以继承，努力用中华民族创造的一切精神财富来以文化人、以文育人。"

为此，在有关部门和专家指导下，我们收集整理了大量古今资料和最新研究成果，特别编撰了本套《中国文化百科》。本套书包括了中国文化的各个方面，充分显示了中华民族厚重文化底蕴和强大民族凝聚力，具有极强的系统性、广博性和规模性。

本套作品根据中华文化形态的结构模式，共分为10套，每套冠以具有丰富内涵的套书名。再以归类细分的形式或约定俗成的说法，每套分为10册，每册冠以别具深意的主标题书名和明确直观的副标题书名。每套自成体系，每册相互补充，横向开拓，纵向深入，全景式反映了整个中华文化的博大规模，凝聚性体现了整个中华文化的厚重精深，可以说是全面展现中华文化的大博览。因此，非常适合广大读者阅读和珍藏，也非常适合各级图书馆装备和陈列。

目 录

春秋战国青铜器

秦汉及后青铜器

夏商周

　　我国青铜器贯穿了我们中华民族的整个文明史，形成了独具特色、丰富多彩的青铜文化，在历史上占有重要的地位，是我们中华民族的瑰宝。

　　夏代青铜器已经开始走出新石器时代青铜器制造的原始阶段，其大量的礼器和兵器形成了我国青铜器造型的基本格局，神秘的兽面纹开启了我国青铜器纹饰的主体图案，庄严厚重的审美感受更是代表了我国青铜器的整体艺术风格，这些均为商周青铜器艺术鼎盛时期的到来作了必要的铺垫。

夏禹铸九鼎始治华夏

我国使用青铜器的历史相当久远，可以远溯至夏商周之前。青铜器古朴凝重，造型典雅，是我们祖先的智慧结晶。青铜器在铸造工艺方面有自己的特殊传统，造型丰富、品种繁多、面貌各异、精品迭出，有很高的科研价值。

早在6500多年前，陕西临潼姜寨的仰韶文化先民铸造出了第一块

铜片。随后，从马家窑文化到龙山文化时代，先民们又遗留下来了陶寺遗址的铜铃，登封王城岗遗址的残铜片、坩埚残片等。

我国发现最早的青铜器是马家窑文化的青铜刀，距今约4800年。

在甘肃青海距今4000年的

齐家文化时代，他们则开始冶铸或冷锻出铜刀、凿、锥、钻头、斧、匕、指环以及小饰件和镜子等铜器。被确认最早的3件铜镜属齐家文化，它们的制作较粗糙，但是青铜镜已无疑问。

这些均显示了我国文化由"铜石并用时代"向"青铜时代"的缓慢过渡。

夏代是我国第一个进入阶级社会的奴隶制国家，人类文明已由石器时代步入了青铜时代。

这时，青铜器工艺在总结新石器时代器物制造经验的基础上取得了长足的进步。偃师二里头遗址和夏县东下冯遗址这一片独特面貌的早期青铜文化区域，同我国历史记载的夏王朝统治的范围大致吻合。

根据偃师二里头夏代遗址所发现的夏代铸铜作坊和青铜器物来看，这一时期的青铜二里头文化中的铜牌饰器已经出现了礼器、兵器、生产工具、乐器和装饰器等五大类型，而在贵族墓中发现的青铜器主要是礼器和兵器。

可以说，夏代贵族墓中出现的礼器和兵器，奠定了我国青铜器以礼器和兵器为主的构架模式。传说夏禹铸九鼎，从此我国历史上才有了"定鼎""问鼎天下"和"一言九鼎"等说法。

大禹建立夏朝后，在以前先王子孙诸侯国林立的基础上，又分封了很多诸侯国，时间长了，有些诸侯不免离心离德。为了检阅天下究

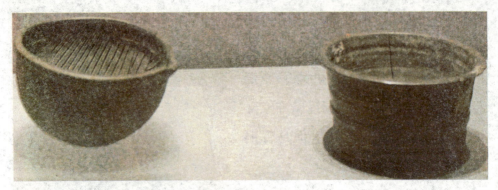

竟有多少诸侯国，维护夏朝和诸侯国的统属关系，大禹决定召开一次诸侯大会。因这时适值各方诸侯来朝，夏禹趁机举行郊祀之礼，众诸侯都留在阳城住。

祭毕，诸侯纷纷散开，然后又聚拢到一起。大家对大禹不满。一个诸侯说："真是好笑，他向上天推荐皋陶，可是皋陶已经老病垂危，朝不保夕，哪个不知道？他要禅位于他，岂不是虚领人情吗？"

一个诸侯接着说道："我听说，夏禹的儿子启纠合了无数心腹之臣，想承袭王位。大禹哪里肯传贤人呢？"

后来不太满意的诸侯就都纷纷归去。

大禹郊祭之后，看见诸侯不服而去的有33国之多，心中不免纳闷。计算起来，不服之国以东南两方为多。于是大禹决定在阳城东南的涂山尽早召开诸侯大会，以检讨自己的过失。

到了正式大会的日子，大禹穿了法服，手执玄圭，站在台上，四方诸侯按照他们国土的方向两面分列，齐向大禹稽首为礼，大禹在台上也稽首答礼。

礼毕，夏禹大声向诸侯说道："我德薄能鲜，不足以服众，召集大家开这个大会，为的是希望大家明白恳切的责备、规诫、劝喻，使我知过，使我改过。我胼手胝足，平治水土，虽略有微劳，但生平所最兢兢自戒的是个'骄'字。

"舜帝也经常以此来告诫我说：'汝惟不矜，天下莫与汝争能；汝惟不伐，天下莫与汝争功'，如果我有骄傲矜伐之处，请大家当面告知，否则就是教我不仁啊！对大家的教诲，我将洗耳恭听。"

大家都明白禹受命于天，原本对大禹有意见的诸侯看到大禹这种态度，也都表示敬重佩服，消除了原先的疑虑。大禹对各诸侯又重加赏赐，并申明贡法，要求必须按照规则缴纳。同时，大禹也表示要竭力保护各诸侯国的权利，使其不受邻国的侵犯。

涂山大会之后，诸侯们高高兴兴分道而去。大禹也率领群臣返回都城阳城。走到半路，忽然传来急报，说皋陶去世了，大禹听了，非常伤心，返都之后，就又改荐伯益于天。这样，从前疑心的诸侯知道误会了大禹，就在坚决拥护大禹的同时，也积极进献各类贡品。

为表示敬意，各方诸侯常来阳城献"金"即青铜，后来，九州所贡之铜年年增多，大禹想起从前黄帝轩辕氏功成铸鼎，为了纪念涂山大会，就准备将各方诸侯进献的青铜，铸造成几个大鼎。

但为免诸侯责备，大禹经过深思熟虑，决定哪一州所贡之金，就拿来铸哪一州的鼎，将哪一州内的山川形势都铸在上面。

并将从前治水时所遇到的各种奇异禽兽、神怪等一并铸在鼎上，使九州之百姓知道哪一种是神，那一种是奸。

又过了几个月，大禹已在位5年了。夏禹承帝舜之制，也是5年就巡视天下一次。巡视回来后，气势磅礴的九鼎铸成，即冀州鼎、兖州鼎、青州鼎、徐州鼎、扬州鼎、荆州鼎、豫州鼎、梁州鼎、雍州鼎。鼎上铸着各州的山川名物、珍禽异兽。

九鼎象征着九州，其中豫州鼎为中央大鼎，豫州即为中央枢纽。九鼎集中到夏王朝都城阳城，借以显示夏王大禹成了九州之主，天下从此一统。九鼎继而成为"天命"之所在，是王权至高无上、国家统一昌盛的象征。

大禹把九鼎称为镇国之宝，各方诸侯来朝见时，都要向九鼎顶礼膜拜。从此之后，九鼎成为国家最重要的礼器。

拓展阅读

据史料记载，夏王朝初期就开始了铜器的铸造。"昔有夏后（启）使蜚镰折金于山川，而陶铸之于昆吾"，说明夏代建国之初就在各地开采铜矿，用来铸造兵器和礼器。

20世纪60年代以来，在夏王朝的国都遗址，即偃师二里头遗址的发掘中，不仅出土了许多青铜器物，而且还发现了铸造青铜器的作坊，从这些考古发现就可以看出夏代青铜手工业的进步和发展。

后来夏朝为商所灭，九鼎就迁于商朝的都城亳邑。商朝为周所灭，九鼎又迁于周朝的镐京。后来成王在洛邑营造新都，又将九鼎安置在洛邑，谓之定鼎。这就是所谓的"鼎在国在，鼎失国亡"。

九鼎作为镇国之宝、传国之鼎仅传三代。约2000年后，因周末战火频仍而神秘失踪，至今不知所在，成为千古之谜。

青铜器从简单走向丰富

　　除了禹铸九鼎之外，有关夏朝的史料上还有夏禹之子夏启炼铜的记载，说明夏朝中期，我国青铜器铸造技术已经趋于成熟，我国历史正式走进了青铜器时代。

　　通过对夏朝后期青铜器以及铸铜遗址的发现和类别形制的分析，可以发现，夏代青铜器有几个特点。

　　首先，贵重的青铜器基本上都是出在形制较大、随葬品丰富的奴隶主贵族大墓之中，表明当时贵重的铜器手工业产品皆为奴隶主贵族所有。当时的青铜铸造掌握在奴隶主贵族手中，夏代王都二里头遗址铸

铜作坊应当是由王室官吏经营管理的。

其次，夏代青铜器的种类主要是礼器和兵器，表明在奴隶制度下的夏代铸铜手工业生产主要是用来满足奴隶主贵族的需要。

在我国奴隶制国家里，奴隶主认为，"国之大事，在祀与戎"，目的是使奴隶主的利益通过祭祀得到祖先和神灵的保护，又通过战争来扩充土地，掠夺更多的财富，并用武力来镇压奴隶的反抗。

因此，在奴隶主控制下的铸铜手工业必然是用来为他们的利益服务，主要生产奴隶主贵族作为祭祀用的礼器和打仗用的兵器。

再次，从铜器出土的数量、种类和器形看，夏代铜礼器的组合十分简单，主要是以铜爵为主，在发现铜礼器的11座墓中，就有9座有铜爵，而且有两座墓中发现铜爵各两件。

在墓中铜爵都是单独出现，只有一例是爵与斝相组合。另外也有单独一件斝或一件盉的，也见有一座为鼎、斝、觚3件相组合的。

另外，夏代青铜器造型一般比较简单，不少小件的生产工具和兵器，如扁体四棱的铜锥、短小扁薄的铜刀、锥形和圆叶形的铜镞、上端无銎的铜凿、铜锛等，均应是仿制石骨蚌器而做成。

同时，夏代铜礼器的器壁极薄，其型制仍处于原始的雏形，如束腰平底爵、圆腹平底空心锥足鼎、束腰平底或圜底空心锥足斝等，均是同类铜器中最早的形式。夏代铜器未见铭文，大多数都为素面，只见有部分铜器上有简单的纹饰。

偃师二里头遗址的夏代青铜器总计约有60多件。按其用途大致可分为礼器或容器、兵器、生产工具、乐器和装饰器5类。

从种类看，已较铜石并用时代有了极大的丰富。其中青铜礼器包括有鼎、斝、盉、爵4种。

遗址有青铜网格纹鼎一件，圆形，敛口，折沿，鼓腹，平底；环形立耳，3条四棱空心锥足。腹饰带状网纹。器壁较薄，壁内一处有铸残修补痕。口径15厘米，底径90厘米，壁厚0.15厘米。此鼎是我国最早的铜鼎，对于研究青铜鼎的起源有着重要的意义。

再有铜斝3件，均做敞口，束腰，鼓腹，侧附半环形耳，三空心锥足，口沿立两矮柱。根据底部的不同可分为两式：

一式为圜底斝，圆腹，圜底，口沿柱做齿状。口径14.5厘米至14.8厘米，腹径8.9厘米，高27厘米，壁厚0.2厘米；短颈，腹外撇，底部外凸，较细，口沿没小柱。腰部饰细凸线纹4周，并相间圆圈纹3周。

另一式为平底斝，体瘦高，腹外撇，宽平底，半圆形空心锥足，口沿两柱做三角形锥状。

从整体观察，斝的器鼓腹部分似乎归属于三足部分，3个锥形足与器腹相通，这是由于那时期铸造技术还没有解决内范悬空的能力，

其实是一种缺陷，但也成为育成期铜器特点之一。在口沿部分设置一对柱，柱为三棱形，整体似钉。内口沿有一圈范线，口沿也经过加厚。其鼓腹部位出现圆突的圆形装饰，这是火纹的滥觞。

遗址还有铜盉一件，肥头瘦足，头做圆顶平底，顶部有椭圆形口，口下有扁平带镂孔的半环形，对应一侧有管状流，下有3条三棱形空心锥足。此盉是铜盉中的最早形式，时代属夏代晚期。

另有铜爵11件，均做出了长流尖尾，束腰平底，侧有扁平形，下有棱形实足。

器体较矮，流比尾略低，底腰呈椭圆形，三足规格不一，两足三棱形，一足四棱形。流尾长14厘米，高12厘米。

还有一件流尾略上昂，足做较细的三棱锥形，微向内敛，上有镂孔。流尾长14厘米，高15厘米。

还有的流尾细长，略微向上，口沿处两柱作锥形，腹明显外撇，三足做细长的三棱锥状。腰侧扁平扳饰条形镂孔，腹部一面有两道宽凸线，中间排列5个乳钉。

还有两件流细长上昂，腹外鼓。上部有长形镂孔，腹部饰有镂孔4个，其四周隆起如兽眼。

再来看看两件铜角，为带管状流的爵。一件发现于河南洛阳洛宁，凹弧形敞口，两尖尾上翘，体扁圆形，束腰平底，宽扁半环形和管状长流，底下有三棱形锥足。

另一件敞口呈凹弧形两端尖锐，口沿有加厚唇边，器身狭长呈扁形，底部有假腹，腰侧有扁形，腹上有一斜置的管状流，流上有钩形棱脊。假腹下设有3个三棱形锥足，其上有一周圆孔装饰，好似联珠纹。

爵和斝、盉构成了所谓夏代酒器组合，萌生期铜器器壁普遍较薄，这样可以节省贵重的青铜原料。

而有一件管流爵三足残缺，与一般铜爵不同，此器一侧斜置一流，流上有两个曲尺形装饰物，没有一般的狭流，敞口，两端呈翼形，靠近管流一侧略高。口沿略厚，防止使用时破裂。

这件铜爵器錾特大，平底，设置了有一排圆孔的假腹。腹上饰有弦纹和乳钉纹，这时期的乳钉纹很特殊，为实心，区别于后期与此相似的空心连珠纹。管流口部水平线低于器口，这样液体会自主溢出。从痕迹来看，管流前端断缺，可知管流应该更长。

夏朝青铜乐器只发现铃一种，装饰品有铜牌饰和圆形器两种。铜铃均做上大下小的筒形，平口，顶附半环钮，侧有竖扉棱。近口部有凸弦纹一周。

铜牌饰均做长圆形，中间做成一面略凸的镂孔，两侧各附两个半环钮，以不同的绿松石片镶嵌排列

成精巧的兽面纹。中部束腰，近似鞋底形，兽面纹鼓目，卷云竖眉，圆鼻。有的做圆角梯形，兽面弯眉，圆眼，尖鼻，嘴长利齿，身饰鳞纹，形象威武凶猛。

铜圆形器做圆形，镶嵌绿松石。有的做圆泡形，周沿较平，中间隆起，沿上附对称的小圆孔，并镶嵌绿松石，隆起部分有草席痕。

有的做正圆形薄片，一面以长方形绿松石镶嵌形似钟表刻度的图案，中间两圈各12个"十"字形。

这些器物属于夏代晚期，都是用绿松石镶嵌装饰的铜牌饰，打磨非常精细，颜色较为统一，显然经过精心筛选。在粘贴时很可能采用动物胶，比较牢固，几千年来只有很少一部分脱落。

透过脱落的部分可以观察到，松石片非常薄，这要花费很大工夫才可以做到。绿松石装饰工艺一直沿用整个青铜时代，常见于形制较小或者礼仪用器之上，是异常精美的装饰。

铜牌饰都位于墓主胸口左侧，应是较为珍贵的装饰品。另外，铜铃则位于墓主腰部，个中是否有联系，尚待研究。

夏代的青铜兵器有戈、戚、镞3种。

其中一件铜戈援中有棱脊,锋成三角形,援面由脊向刃斜抹,近刃处有一道细沟,十分锋利。内较窄,与援直角相接,中部有一圆穿镶嵌绿松石的凸起云纹。

另一件铜戈呈窄条形,援内相连无明显分界,戈身从内向援逐渐变窄,向前聚成尖锋,援中起棱脊,援面从脊开始向两侧斜抹,近刃处有一道细沟。锋刃十分锋利。内较平,前部安柲,中部有一个方穿,穿后有4道凸起的竖线,线后有4个较长的横齿。

铜戚做长条形,横切面呈长椭圆形,刃部略外侈,形似长条窄身斧,内扁平,上有一方穿,内与身之间有向外伸出的齿形阑。

铜钺做长方形,一端略宽为平刃,另一端中间略微凸起,饰带状的网纹一周,其下有一圆穿孔,宽6.1厘米,刃宽7.6厘米,残长3.5厘米,厚0.5厘米。二里头的这件大钺援部接近正方形,有别于上下援部曲弧的形式。这样的大钺仅发现数例,大钺作为礼仪用器,仪仗用器,应该用柲穿束立起。

靠近内部之处设有两个长方形孔,用以拴系皮条,来捆绑长柲。如此重量的大钺想必其柲也是很粗大的。

夏遗址发现铜镞10余件,大致可分为:尖锥形镞,横切面呈梯形;圆叶形镞,铤做三角锥形;双翼镞,圆脊,翼后有倒锋,长圆

铤。圆脊，翼无倒刺，铤圆形粗大，身做三角形，棱脊，两翼内凹，棱形铤。

夏朝青铜生产工具数量多，有锛、凿、刀、锯、钻和鱼钩6种。

遗址发现铜锛两件，均做扁平长方形，一面刃。还有4件铜凿，均做长条形，一面刃。一件剖面呈梯形；一件通体呈方柱形，顶端有锤击痕。此外，遗址还有铜刀9件，铜锯一件，扁平长方形，一端较窄，下侧带锯齿；铜钻一件做锥形，尖部锋锐；铜锥一件，体扁平，向一侧弯曲，四棱向聚成尖锋；铜鱼钩一件，由细圆锥的尖部弯曲而成，另一端凹下可以系线。

拓展阅读

据铜齿轮形器的发掘者梁星彭、严志斌介绍，出土铜齿轮形器的墓主胸前放置一件小玉牙璧或称璇玑。

过去学术界曾经将牙璧视为天文观测仪器"璇玑"。后经考古学家夏鼐先生研究认为，牙璧不可能是天文观测仪器，越来越多的学者不再将牙璧视为天文仪器。但是陶寺牙璧乃玉璧出牙，有别于玉璧，一定有特定的象征意义。

有学者提出，"死者的胸脯上放了一个璇玑，其意为能通天、入地，璇玑就代替了人的心机。"

还有学者提出，牙璧的功能象征日晕，较大者应是人们遇旱时用以象征太阳神进行祷雨的神玉。

夏鼐先生则认为是"礼仪或宗教上的装饰品"。牙璧虽不可能作为天文观测仪器的机械传动或制动装置，但是应当有天文象征意义。于是认为陶寺佩戴铜齿轮形器的墓主生前的职业可能是从事天文历法相关工作的小吏。

商代青铜器进入全新阶段

　　商代是夏朝之后的一个王朝，它的建立结束了夏末的纷乱局面，国家的力量进一步加强。

　　商朝从公元前1600年至公元前1046年，历时500多年，其中以盘庚迁殷为界而分为早期、中期和晚期3个阶段。

　　商朝早期指公元前16世纪至前15世纪中叶这一阶段，河南郑州二里冈文化的青铜器是商代早期的代表，二里冈包含上下两层堆积，文化内涵极为丰富。

　　综合各地商代早期青铜器物来看，一般包括：鼎、大鼎、大方

鼎、鬲、簋、爵、管流爵、觚、斝、罍、提梁壶、瓠形提梁壶、中柱盘、平盘等，涉及饪食器、酒器和水器等门类。较早的器类都比较简单，但是爵、觚、斝组合而成的一套酒器已被普遍使用。

商代早期青铜器具有独特的造型。鼎、鬲等食器三足，必有一足与一耳成垂直线，在视觉上有不平衡感。鼎、斝等柱状足成锥状足和器腹相通，这是由于当时还没有掌握对范芯的浇铸全封闭技巧。

商代早期的方鼎巨大，容器部分做正方深斗形，与殷墟时期长方槽形的方鼎完全不同。爵的形状承继二里头文化式样，一律为扁体平底。流部都是狭而长的形式。青铜斝除平底型的以外，还出现了袋足斝。

商代早期的青铜觚、樽、瓿、罍等圈足器皆有十字形大孔，比如二里冈上层的青铜器十字形都成大方孔的；有的更在圈足的边沿，留有数道缺口，如郑州和黄陂盘龙城都发现过这种实例。

同时，管流斜置于顶上的半封顶袋足盉，后侧有一大鋬可执，在这一时期内颇具特色。罍皆狭唇高颈有肩，形体也偏高。商代早期壶有提梁的有长颈小口鼓腹形和小口体呈悬瓠形的两种，也有小口器矮颈且不设提梁的。

商代早期青铜器一般胎质较薄、纹饰简单质朴，大多是宽线和细线组成的变形兽面纹，以粗犷的勾曲回旋的线条构成，全是变形纹样，除兽目圆大以为象征外，其余条纹并不具体表现物象的各个部位，展现了二里冈时期青铜文化特点。

此外，这个时期纹饰的另一个特色就是多平雕，个别主纹出现了浮雕。如樽、罍等器肩上已有高浮雕的装饰，所有的兽面纹或其他动物纹都不以雷纹为底。

所有的兽面纹或其他动物纹都不以雷纹为底，是这一时期的特色。商代早期的几何纹极其简单，有一些粗率的雷纹，也有单列或多列的连珠纹，乳钉纹也已经出现。

这一时期的铜器装饰，从整体而言有着简单质朴的作风，多是单层没有底纹，常见的饕餮纹常是两个相对的夔纹所组成，并且常以圈带纹作为饕餮纹上下的界线。有的兽面纹更简单，仅在扉棱两侧各铸出一圆点代表饕餮的眼，扉棱代表兽面的鼻。也有的将夔做成同向的格局，特别突出夔的眼目。

这时还有单以夔纹为饰的，如黄陂盘龙发现的钺，钺体两侧和上端均饰夔纹。另外还有云雷纹、圆涡纹、乳丁纹、直行弦纹和人字形弦纹、鱼纹、龟纹、虎纹、蛇纹等。

同时，商代早期的青铜器，极少有铭文，以前认为个别上的龟形是文

字，实际上仍是纹饰而不是文字。但其实这时铭文已有萌芽。郑州白家庄发现的一件铜罍，肩部饰有3个龟形图案，该图案应是"黾"字，是氏族徽号。

另外还有一件铜鬲，鬲上有一"亘"铭，应是罕见的商代前期的青铜器铭文。

商代早期青铜器的合金成分经测定：含铜量在67.01%至91.99%之间，含锡量在3.48%至13.64%之间，含铅量在0.1%至24.76%之间，成分不甚稳定。但含铅量较高，使铜液保持良好的流动性能，与商代早期青铜器器壁很薄的工艺要求是相适合的。

从一些完整墓葬发现的商代早期青铜器看，出现了不同种类器物的相互组合，这种组合常常形成一定的规律与模式，反映了当时人的生活习俗和一定的礼治意义。

商代中期是指公元前15世纪中叶至公元前13世纪这一阶段，时间

大约相当于中丁至小乙时期。中期作品在殷墟文化一期的如小屯墓所发现的部分青铜器。但这类器物殷墟发现并不多，而其他地区的却比殷墟的更为典型、更为精美。

商代中期青铜器除了生产工具和兵器外，容器的种类比早期有所增加，主要有鼎、鬲、斝、爵、觚、樽、盉、壶、瓿、卣、罍、盘、簋、豆等。

爵尾与早期相似，但流已放宽，出现的圆体爵是前所未见的。斝除空椎状足外，出现了"丁"字形足，底多向下鼓出，平底已少见。

早期出现的宽肩大口樽，此时才开始有较大的发展，如造型厚重雄伟的阜南龙虎樽和兽面纹樽是商代早期从未出现的。这个时期发展起来的还有瓿这类器形，如藁城的兽面纹瓿。

早期体型较高的罍，在这时发展为高度较低而肩部宽阔的式样，以巨型兽面纹罍为其典型。这时的圈足器上的"十"字形和方形的孔，与早期的相比有所缩小。

鼎、鬲类器比较突出的变化是一耳不再与一足对立，形成不平衡状，而是三足与两耳对立，成为以后所有鼎的固定格式，但这时浇铸芯范悬封的方法还没有完全解决，因而中空的鼎足还有与器腹相通的情形。商代早期从未出现的瓿这类器形，也是这个时期发展起来的，藁城的兽面纹瓿是其典型。

商代中期出现用云雷纹衬底的复层纹饰，其设计和雕刻之复杂精细，是早期作品所无法比拟的。浮雕兽面纹也开始出现，但一般都比较圆浑，不似商晚期那般硬朗锐利。有的器体上开始用扉棱装饰，显得凝重雄伟。

商代中期的铭文没有太大的发展，也是处于萌芽阶段，一般器物也没有铭文，但是在个别器上发现铸有做器者本人的族氏徽记。杜岭方鼎是商代中期最大的青铜礼器，用于祭祀、饪食。和商代后期以司母戊鼎为代表的方鼎造型相比，杜岭方鼎腹部过深，足相对较短，显得庄严感不足，耳和口沿也太单薄，尚有外范接合不严、部分纹饰有重叠的缺点。

杜岭方鼎共两件。一件高1米，重86.4千克，方形，深腹，双耳四足，腹上部饰兽面纹，两侧及下部饰乳丁纹，形体质朴庄重；另一件稍小，高 0.87米，重64.25千克。

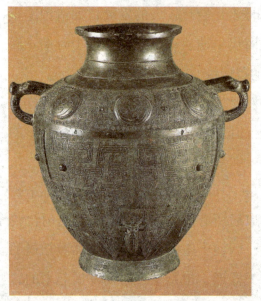

鼎是古代烹煮、盛放肉食之器，早在8000年前就出现了陶制的鼎，当时作为一种日用炊具，用以煮饭。但其真正的发展高峰则出现在商朝和西周时期。

尤其是商代，以鼎为代表的祭祀用容器的制作最负盛名，它被视为祭祀天地和祖先的"神器"，并被笼罩上一层神秘而威严的色彩。

商代中晚期的青铜器在冶炼、铸造技艺和艺术表现上都已经达到了高度成熟的地步，能够充分地发挥青铜材料的特点，作品被赋予某种社会意识形态的功能。

商代晚期指公元前14世纪至公元前11世纪这一历史时期，商代晚期的青铜器纹饰最为发达，样式和种类也比中期的丰富得多，在艺术装饰方面呈现出高峰，与青铜礼器的高度发展一致。

此时，器物纹饰丰富多彩、繁缛富丽，以兽面纹和夔纹为主，还有鸟纹、象纹、蚕纹、蝉纹等。兽面纹饰只是纹样结构规格化的形式，所表现的物象很多。

此时的装饰特点是集群式，以多种物象或作为主纹或作为附饰布满器身，甚至视线所不及的器物底部也有装饰，有的一件器物上有多达10多种动物纹。

商代晚期前段兽面纹中间的鼻准线，有的不接触下阑底线，兽吻常连成整体而中间不隔开；后段的兽面纹往往由于兽鼻尖通到下阑底线而被分割成为两个部分。

就表现手法而言，商代中期纹饰的形体基本上还有象征性，除了炯炯有神的双目外，其余部分即使是较精细的图像，也是主干底纹不

分、轮廓不清。

商代晚期动物形象比较具体，有的甚至还带有写实感，纹饰主干和底纹明显地区分开来。底纹通常是繁密的细雷纹，与主纹构成了强烈的对比。

纹饰的主体采用浮雕的现象很普通，同时采用平雕和圆雕相结合的手法，层次更加细腻丰富。有的浮雕表现出几个层次，而且一个层次做成一面高的坡形，这种层叠式的浮雕被称为"三层花"。

商晚期青铜器纹饰以动物和神怪为主题的兽面纹得到了空前发展，成了古代装饰艺术的典范。商代的青铜器矗立于奴隶制时代文化的巅峰，它的创造经验不但直接影响了当时各个不同的艺术门类，而且直接为西周前期所继承。

比如商代双面神人青铜头像，呈半人半神形象，反映了商代巫风盛炽的状况。

巫师的职责乃贯通天地，上天见神，使神降地。商代双面神人青铜头像前后两面完全对称，一幅神秘诡异、威严慑人的面容，其半人半神的形象与通行于人神之间的巫师身份相符。

头像中空扁体，两面对称。人首造型，面呈倒置等腰梯形，额宽，顶圆，边直，颌方。眼眶窝凹，眼球突出，内开大孔。鼻梁修长，翼肥蒜状，两孔较小。嘴张齿露，中牙铲形，侧牙钩卷。上竖方管，旁安两耳，顶插双角。

顶上圆管插羽冠，下部方銎安装木柄，管銎相通。上管圆、下銎方的造型和古人天圆地方的理念正合，暗寓着其贯通天地之功能。

还有发现于湖南宁乡县黄材镇炭河里乡的禾大人面纹方鼎，通高38厘米，口长29厘米，宽23厘米。是唯一用真实人面作为装饰的铜器。禾大人面纹方鼎长方形体、两直耳、4柱足。四角有较高的扉棱。整体颜色碧绿，器身外表四周饰形象相同的半浮雕的半人半兽的"超人"。人面方圆，高颧骨，隆鼻，宽嘴，双目圆视，双眉下弯，双耳卷曲。人面周围有云雷纹，人面的额部两侧有角，下巴两侧有爪，躯干因器物平面表现的局限而隐去。

鼎腹内壁铸"禾大"两字铭文。此鼎器形雄伟，在装饰上又以人面为饰，更为独例。人面的形象极为奇异，给观者一种望而生畏、冷艳怪诞的感觉，是一件匠心独运的青铜器精品。

商、周青铜器以兽面纹作为主题纹饰较为常见，人面纹饰较为稀有珍贵，禾大人面方鼎以4个相同的人面纹装饰器体的主要部位，更加奇特。有人认为这组人面纹有爪而无身，属于传说中"有首无身"、贪吃人的凶兽饕餮一类怪神。

也有人认为，这种人面纹浮雕大概与"黄帝四面"的传说有关，对应了古代文献中黄帝有四面的描述；也有人说，鼎内空间正好可安放一个人头，人面纹方鼎的4个"人面"，反映了古代"猎头"和祭祀时使用首级

的风俗。

总之，这个图像既不能纯粹归入人，也不能完全归为兽，姑称之为"半人半兽"。半人半兽是我国史前图腾中最普遍的祖神崇拜表现方式，凝聚的是敬祖情结。

我国古代传说中的英雄或文化英雄、始祖无不在人的形象之外被加上神的力量与动物的器官，《山海经》一书就为我们留下了大量有关这些亦人亦神的始祖或英雄们的形象描述。

传说中半人半兽的形象，是兽的形体与人的智慧的结合。因此，最原始的半人半兽可能是某种族群传说中的祖先，也可能是某个部族的英雄，可以托名为真实的或传说的"历史人物"，也可能是凝聚了某种部族精神寄托的凭空创造出来的"文化英雄"。

人面方鼎表现的这个半人半兽，无疑是这个神系中的一位。人面方鼎铸造的时代，已是有国家的文明时代，图腾只是祖先留下的一个文化遗产或精神主宰而已，它到底见证、纪念了什么？

从艺术形式上看，禾大人面方鼎运用反复、对称的装饰手法，布局严密，写实与抽象纹饰结合。4组相同的纹饰集于一身，不仅强化了装饰主题，而且给人视觉上以强烈的冲击，达到特定的装饰效果，反映出商代晚期青铜器制作者已具备了较强的写实能力和形

象概括能力。

　　禾大人面纹方鼎虽然配置了角爪，但都是象征性的，小到几乎可以忽略的程度。人的形象也和真人一般，与青面獠牙、半人半兽的人面纹饰相比，不但不显得可怕，还能给人以肃穆崇高的美感。

　　商代晚期的铭文有鲜明的时代特色，表示人体、动物、植物、器物的字，在字形上有较浓的象形意味。

　　以人体形象的文字为例，头部常做粗圆点，腿部呈下跪形状，这是一种美化手段，是郑重的表示；绝大多数笔画浑厚、首尾出锋，转折处多有波折。

　　字形的大小不统一，铭文布局也不齐整，竖画虽然基本上成列，但横画却不成排。

　　这些铭文反映了当时社会的家族形态、家族制度与宗教观念等重要问题，但其中一些深刻的内涵仍是人们无法确知的。

　　殷代青铜器中也有少数有较长的铭文，但时间已到了殷代晚期。这些较长的铭文内容多涉及商朝晚期的重要事情、王室祭祀活动、王室与贵族关系等，其中铭文中一些字词的含义，以及所反映的一些当时制度的状况，仍然所知甚少。

　　商代晚期又发明了分铸法，即将青铜器分成多个部件，分别制出内范与外范，在铸主件时将铸件嵌入泥范中铸接合成。最适合制作体积较大、器形复杂的青铜器，如后母戊鼎。

后母戊鼎是商代后期王室祭祀用的青铜方鼎，是商朝青铜器中最重要的代表作。

后母戊鼎器型高大厚重，形制雄伟，气势宏大，纹饰华丽，工艺高超，又称后母戊大方鼎，高1.33米，口长1.1米，口宽0.78米，重832.84千克，四足中空。

后母戊鼎用陶范铸造，鼎体包括空心鼎足浑铸，其合金成分为：铜84.77%，锡11.44%，铅2.76%，其他0.9%。

鼎腹长方形，上竖两只直耳，发现时仅剩一耳，另一耳为复制补上，下有4根圆柱形鼎足，是世界上发现的最大的青铜器。

后母戊鼎是商王武丁的儿子为祭祀母亲而铸造的，用陶范铸造，铸型由腹范、顶范、芯和底座以及浇口范组成；鼎腹的纹饰有可能使用了分范；鼎耳后铸，附于鼎的口沿之上，耳的内侧孔洞是固定鼎耳泥芯的部位。

也有人认为鼎耳先于鼎体铸造，然后嵌入铸型内和鼎体铸接。

鼎身呈长方形，口沿很厚，轮廓方直，显现出不可动摇的气势。后母戊鼎立耳、方腹、四足中空，除鼎身四面中央是无纹饰的长方形素面外，其余各处皆有纹饰。在细密的云雷纹之上，各部分主纹饰各具形态。

鼎身四面在方形素面周围以饕餮作为主要纹饰，四面交接处，则饰以扉棱，扉棱之上为牛首，下为饕餮。鼎耳外廓有两只猛虎，虎口相对，中含人头。耳侧以鱼纹为饰。4只鼎足的纹饰也匠心独具，在3道弦纹之上各施以兽面。

据考证，后母戊鼎应是商王室重器，是商代青铜文化顶峰时期的代表作。

后母戊鼎的提手文饰同样精美。两只龙虎张开巨口，含着一个人头，后世演变成"二龙戏珠"的吉祥图案。一般认为，这种艺术表现的是大自然和神的威慑力。也有人推测，那个人是主持占卜的贞人，他主动将头伸入龙虎口中，目的是炫耀自己的胆量和法力，使民众臣服于自己的各种命令。

这完全是可能的。当时的贞人出场时都牵着两头猛兽，在青铜器上和甲骨文中经常可以看到这样的图案。

后母戊鼎形腹部铸有"后母戊"3个字，字体笔势雄健，形体丰腴，笔画的起止多显锋露芒，间用肥笔。铸造这样高大的铜器，所需金属料当在1000千克以上，而且必须有较大的熔炉。

另外比较有代表性的还有河南安阳殷墟妇好墓的鸮樽，为一对两只，铸于商代后期，通高0.459米，外形从整体上看，为一昂首挺胸的猫头鹰。通体饰以纹饰，富丽精细。

喙、胸部纹饰为蝉纹；鸮颈两侧为夔纹；翅两边各饰以蛇纹；尾上部有一展翅欲飞的鸮鸟，整个樽是平面和立体的完美结合。樽口内侧有铭文"妇好"两字。

四羊方樽器身方形，方口，大沿，颈饰口沿外侈，每边边长为0.52米，其边长几乎接近器身0.58米的高度。长颈，高圈足。颈部高耸，四边上装饰有蕉叶纹、三角夔纹和兽面纹。

樽的中部是器的重心所在。樽四角各塑一羊，肩部四角是4个卷角羊头，羊头与羊颈伸出器外，羊身与羊腿附着于樽腹部及圈足上。樽腹即为羊的前胸，羊腿则附于圈足上，承担着樽体的重量。

羊的前胸及颈背部饰鳞纹，两侧饰有美丽的长冠凤纹，圈足上是夔纹。

方樽肩饰高浮雕蛇身而有爪的龙纹，樽四面正中即两羊比邻处，

各一双角龙首探出器表，从方樽每边右肩蜿蜒于前居的中间。全体饰有细雷纹。

四羊方樽的四角和四面中心线合范处均设计成长棱脊，其作用是以此来掩盖合范时可能产生的对合不正的纹饰。据分析，四羊方樽是用两次分铸技术铸造的，即先将羊角与龙头单个铸好，然后将其分别配置在外范内，再进行整体浇铸。整个器物用块范法浇铸，一气

呵成，鬼斧神工，显示了高超的铸造水平。

四羊方樽集线雕、浮雕、圆雕于一器，把平面纹饰与立体雕塑融会贯通，把器皿和动物形状结合起来，恰到好处，以异常高超的铸造工艺制成。在商代青铜方樽中，四羊方樽形体端庄典雅是无与伦比的。此樽造型简洁、优美雄奇，寓动于静。被称为"臻于极致的青铜典范"。

还有一件羊父丁方鼎，鼎长方体，口沿外折，口上有双立耳，直壁，深腹，平底，腹下有4柱足。口下、腹部的四角及足上均有凸棱，腹部中央饰勾连雷纹，左右及下方各饰3道乳钉纹，口下和足部饰兽面纹。器内壁上有铭文一行4字："做父丁羊"。即"为父亲丁做器"，"羊"为族名，羊成为青铜重器有独特的象征意义。

羊在祭祀礼仪中的地位仅次于牛，商代国都所在的河南安阳小屯发现大量祭祀坑，最多的就是牛、羊、犬，商王武丁时期有一关于商王室对武丁祭祀的材料中说："卜用百犬、百羊。"

另一材料中说："十五羊"、"五十羊"，可见羊作为祭祀的牺牲用量很大。

羊外柔内刚也被引申出许多神圣的秉性，传说的始祖皋陶敬羊，《诗经·召南》中也有"文王之政，廉直，德如羔羊"的说法，我国

古代一种独角怪兽獬豸也被认为与羊有关，能看出人是否有罪，能分辨是非曲直。因此，后世以独角兽表示法律与公正。

小臣艅犀樽制作年代约在帝乙、帝辛时期。据考证，我国古代黄河及长江流域的气候比较温暖湿润，当时广泛分布着犀牛和其他生活于热带亚热带的大型生物。据小臣艅犀樽推测，殷商人是见过犀牛的，否则不可能造出如此写实的作品。而且古生物的发现也证实了这一点，安阳殷墟、浙江河姆渡、广西南宁、河南淅川下王岗等地的遗址中都曾发现过犀骨的存在。此外，商代甲骨文中所称"兕"即为犀牛。至东周时代，长江流域仍生存着大量的犀牛。

小臣艅犀樽器高25厘米，器口开于背部，盖已失。整体造型为双角犀牛形象，几乎为圆球形，胖乎乎的，由4条粗壮的短腿支撑，憨态可掬；它的头部前伸，两只圆睁的小眼，透着机敏与可爱；大嘴微张，就像是得意的微笑；两只夸张的大耳朵竖在头的两侧，好像在好奇地倾听着周围的声响。

小臣艅犀樽滚圆敦实、憨厚可爱的造型完全打破了人们以往对犀牛原本沉稳、威严的印象，让人们驻足观看的同时，也能够感受到一丝滑稽和幽默。

周身光洁不施纹饰。体积感很强，表现出犀牛蹒跚行进的动态，显得纯朴稚拙，妙趣横生。

犀牛自身躯体庞大笨重的感觉与作为容器的实用功能要求自然和谐一致。它表现出了商代艺术工匠在观察自然和提炼概括生活方面所达到的水平。

小臣艅犀樽有铭文4行27字："丁巳，王省夔京，王锡小臣艅夔贝，隹王来征人方。隹王十祀又五？日。"铭文记述了商王征伐夷方的事情，有关这次战争也见于殷墟卜辞。

夷方是当时商朝封地外围的许多方国部落中的一个。这些方国有的臣服于商王朝，有的则称霸一方，同商王及其诸侯相对抗，双方经常发生战争。铭文中还记载了商王赏赐小臣艅夔贝。小臣艅的职务为奴隶总管，能得到商王的赏赐而感到很荣耀，于是制作了此器用以作为纪念。 在商的晚期和西周早期，青铜冶铸业作为生产力发展的标志而达到高峰。

拓展阅读

后母戊鼎是我国商周时期青铜器的代表作，新中国建立后，收藏于中国国家博物馆，是国家一级文物。重832.84千克，是世界迄今出土最重的青铜器，享誉"镇国之宝"。

此鼎初始被定名时，专家释读其上铭文为"司母戊"，然而随着更多同时期青铜器被发现，目前专家多认为应当释读为"后母戊"。但由于中小学历史课本的广泛宣传，目前司母戊鼎、司母戊大方鼎等名称更为有名。

西周青铜器除旧更新

西周的铜器种类有较明显的淘汰和更新趋势，酒器的觚、爵、角、斝、觯、觥等趋于减少和退化，同时出现了自铭"饮壶"的新型饮酒器，食器有很大的发展。

同时，列鼎制度最迟在本期形成。鼎的形制出现蹄形足，鼎腹发展成扁长方形的变化趋势，簋的发展也很快，不仅在制度上与列鼎相配，而且形制也出现敛口有盖，圈足下承三短足的新型式。簠、匜等新器种开始出现。编钟也在此期普遍形成。

另外，西周中期青铜器的花纹趋于简朴，早期流行的花纹或已淘汰，或变形简化。常见的花纹有兽面纹、花冠顾首龙纹、分尾的鸟纹及新出现的直条纹、波曲纹和鳞带纹等。

铭文记事性质更强，篇目更长，内容也多格式化，早期族徽铭文已罕见，或有也已与记事铭文相配。字体多古朴、端庄、平齐无波磔。

班簋为周穆王时毛班所做，通高27厘米，口径26厘米。四耳饰兽首，下垂长珥作为支柱，其

后又另有小珥。口沿下饰囧纹，夹有两道弦纹。腹饰阳线构成的兽面纹。低圈足，无纹饰。

师遽方彝为西周恭王时期的青铜器。高16厘米，口沿纵长7.6厘米，横长9.8厘米，底部纵长7.5厘米，横长9.6厘米，重1620克。师遽方彝的盖如屋顶，整体做长方形，横长于纵，口沿下及圈足都略有收缩，腹部略鼓，两侧有耳，做高举的象鼻形，造型极为奇特。器内有中壁，分隔或为两室，可置两种不同的酒，盖的一侧沿有两个方形缺口，与器的两室相应，本当有斗可挹酒，但可惜已遗失。盖面及器腹部饰变形兽面纹，是此类纹饰的最后蜕变形式。兽面纹除了尚可辨认的双目外，其余部分已变形，成为非常简单而草率的线条。

师遽方彝的器身和盖内都铸有相同的铭文，器6行、盖8行各铸67字。大意记载周王在王宫中举行酒宴，师遽向王奉献礼品，王命令宰

利赐给师遽玉圭等物品，师遽因以做器，以答谢天子的赏赐。

在陕西扶风县法门镇任村发现的大克鼎，为周孝王时期铸器，又名克鼎和膳夫克鼎，通高0.93米，口径0.75米，重2015克。

与大克鼎同时发现的还有小鼎7件、盨2件、钟6件、镈1件，都是膳夫克所做之器。因此称此鼎为大克鼎，小鼎为小克鼎，为西周孝王时名叫克的大贵族为祭祀祖父而铸造。

大克鼎造型宏伟古朴，鼎口之上竖立双耳，底部三足已开始向西周晚期的兽蹄形演化，显得沉稳坚实。纹饰是3组对称的变体夔纹和宽阔的窃曲纹，线条雄浑流畅。由于窃曲纹如同浪峰波谷环绕器身，因此又叫波曲纹。

大克鼎腹内壁上铭文共28行290字，为西周大篆的典范之作。内容分为两段：

第一段是克对祖父师华父的颂扬与怀念，赞美他有谦虚的品格、美好的德行，能辅协王室，仁爱万民，管理国家。英明的周天子铭记着师华父的伟绩，提拔他的孙子克担任王室的重要职务膳夫，负责传达周天子的命令。

第二段是册命辞，周天子重申对克官职的任命，还赏赐给克许多礼服、田地、男女奴隶、下层官吏和乐队，克跪拜叩首，愉快地接受了任命和赏赐，乃铸造大鼎歌颂天子的美德，祭祀祖父的在天之灵。

青铜盠方彝是西周中期的盛酒器，发现于陕西省眉县。盠方彝为长方形、圈足、顶式器盖，象鼻双耳，内铸铭文106字。盠方彝身铸满文饰，以夔龙纹为主题文饰，对称装饰，中间有圆形涡纹，器身角面以3层文饰装饰，上下两层为夔龙纹两个一组装饰，中间层与盖主纹相同。盖为四坡顶，铸有扉棱为脊。整器庄重规范、工艺精湛。

彝是青铜礼器的一种统称，金文中通常有"做宝樽彝"的字样。彝又是一种青铜酒器的专名，盠方彝是根据其铭文和形体而定名的。

西周时期青铜器铭文是研究西周社会政治、经济、军事、书法的重要实物资料，记载的内容主要有祭祀、战事盟约等。盠方彝铭文记载的是周穆王时期册命摄可六师、殷八师有关军事方面的内容。

盠方彝的装饰采用浮雕技法，雕铸出粗犷豪放的文饰，装饰主次关系明确，层次十分清晰，达到了极好的艺术效果，其精美而又带有神秘色彩的文饰，浑厚庄重的器身以及铭文，通过雕铸将他们有机地融合到一起，再现了西周青铜器铸造业的辉煌。

西周晚期的重器，厉王时期有簋、钟、郑季、簋、攸从鼎、散氏盘、禹鼎、鄂侯驭方鼎、敔簋等，宣王时期有颂鼎、兮甲盘、虢季子白盘、毛公鼎、南宫平钟等。

西周晚期的铜礼器，延续了中期形制和纹饰简朴化的变化，淘汰了中期保留的早期因素。常见器种有鼎、簋、鬲、簠、壶、樽、盘、匜等，品种明显减少。鼎除沿用中期的垂腹鼎外，还有圜底鼎，都是

兽蹄足。

西周晚期纹饰仅流行波曲纹、重环纹、鳞纹和直线纹，绝少见繁缛的动物纹，即如簋一类的王室重器也是直线纹。而此时的青铜器铭文多为长篇，已知最长的铜器铭文如毛公鼎 497 字，流于形式的为祖考做器的铭记也很流行。字体笔道圆润，讲究书法之美，但疏放草率的字体也多有发现。

周厉王时期的多友鼎，多友鼎发现于陕西长安县下泉村，通高0.51米，口径0.5米。立耳，圜底，腹微敛，蹄形足。口下饰弦纹两道。器表光素无纹，造型十分普通，但它腹内所铸的279字铭文，却记录了那场鲜为人知的战争。

这篇铭文以纪实的手法记述了这次战役的时间、作战的方式、战争的规模及战争的结果，更为重要的是这次缴获猃狁127辆战车的记载，对了解猃狁的战斗实力提供了一份全新的资料。

晋侯苏"编钟"也做于西周厉王时期。编钟为成组的青铜乐器。该组编钟大小不一，大的高0.52米，小的高0.22米，都是甬钟。钟上都刻有规整的文字，共刻铭文355字，最后两钟为两行11字。铭文都是用利器刻凿，刀痕非常明显，铭文可以连缀起来，完整地记载了公元前846年1月8日，晋侯苏受命伐夙夷的全过程。

散氏盘铸制年代约在西周厉王时期，因铭文中有"散氏"字样而得名。有人认为做器者为矢，故又称作矢人盘。

散国约位于陕西宝鸡凤翔一带，西北方与矢国为邻。矢国凭借武力多次入侵散国，掠夺财产和土地。散国就到周厉王面前告状，希望借助周天子的威望解决两国间的纠纷。

在周厉王的调解下，矢国退还了土地，双方的官员划定了田界，举行了盟誓。盘上铭文记载的就是散国的誓约，过程与合约均铸在盘上作为证明。

散氏盘为带高圈足的大耳圆盘，高0.2米，口径0.5米。腹饰夔纹，圈足饰兽面纹。内底铸有铭文19行，357字。散氏盘的造型、纹饰均呈现西周晚期青铜器简约端正的风格，而它最吸引人的还是铭文。

散氏盘铭文书法浑朴雄伟，字体用笔豪放质朴，敦厚圆润，结字寄奇隽于纯正，壮美多姿。

它不同于大盂鼎、毛公鼎一类西周青铜器铭文的结字并取纵式，结字偏长，而是取横式，结字方整。它不但有金文之凝重，也有草书之流畅，开"草篆"之端，在碑学体系中，占有重要的位置。

散氏盘铭文的最大审美特征在于一个"拙"字，拙朴、拙实、拙厚、拙劲，线条的厚实与短锋形态，表现出一种斑驳陆离、浑然天成的美。

然而，散氏盘铭文的字形构架并非是固定不变、呆板生硬的。它的活气跃然纸上，但却自然浑成。特别是在经过铸冶、捶拓之后，许多长短线条之间，不再呈现对称、均匀、排比的规则，却展现出种种不规则的趣味来。

圆笔钝笔交叉使用，但圆而不弱，钝而不滞，是散氏盘铭文在技巧上的着重点。在体势上，字形结构避让有趣而不失于轻佻，多变但又不忸怩造作，珠玑罗列，锦绣横陈，在极粗质中见做工精到，这是散氏盘铭文的魅力所在。

散氏盘铭文的字与字间隐约可见阳文直线界栏，是典型西周晚期铭文的风格。

铭文大意是说：矢国侵略散国，后来议和。和议之时，矢国派出官员15人来交割田地及田器，散国则派官员10人来接收，于是双方聚集一堂，协议订约，并由矢国官员对散人起誓，守约不爽。矢人将交于散人的田地绘制成图，在周王派来的史正仲农监交下，成为矢、散两国的正式券约。

青铜盘原为盛水的器皿，但散氏盘在镌铸契约长铭后，已然成为家国宗邦的重器。

还有商周最大的一件青铜簋，由周厉王㝬做器，其器型为方底座，圆形腹，高圈足，凤鸟形双附耳。器底座上饰竖条瓦楞纹，腹上部和圈足各饰一圈钩云纹，腹中部饰竖条状瓦楞文。通体高0.59米，口径0.43米，腹深0.23米，重60千克。

㝬簋器形雄伟厚重，拙朴典雅。系周厉王为祭祀先祖而铸，形体高大魁伟，可称簋中之王，内底铸铭文124字，注明该器制作于厉王十二年（前888年）。它不仅是一件艺术瑰宝，而且为西周青铜器断代增添了一件标准器。

毛公鼎制于西周宣王时期，因鼎腹内铸有32行关于册命毛公瘖的铭文，毛公瘖为了报答天子的煌煌美德，铸造了这个宝鼎，子子孙孙永远宝用，故名"毛公鼎"。

毛公鼎相当完整，高0.53米，口径0.47米，重34.7千克。鼎口呈仰天势，半球状深腹，垂地三足皆做兽蹄，口沿竖立一对壮硕的鼎耳。

毛公鼎整个造型浑厚而凝重，饰纹也十分简洁有力、古雅朴素，标志着西周晚期青铜器已经从浓重的神秘色彩中摆脱出来，淡化了宗教意识而增强了生活气息。

毛公鼎的高度和重量与其他殷商时期的巨大青铜器可说是天差地远，然而，毛公鼎上刻的铭文却是铭文青铜器中最多的，有32行，499字。

毛公鼎铭文的内容可分成7段，是说：周宣王即位之初，急切地想振兴朝政，乃请叔父毛公为其治理国家内外的大小政务，并饬勤公无私，最后颁赠命服厚赐，毛公因而铸鼎传示子孙永宝。毛公鼎全铭文辞精妙而完整，古奥艰深，是西周散文的代表作。

虢季子白盘也铸于周宣王时期，与散氏盘、毛公鼎并称西周三大青铜重器。此盘造型奇伟，高0.39米，上口呈长方形，口长1.37米，腹下敛，平底，曲尺形四足。四壁各有含环兽首两个，腹上部为窃曲纹，下部为环带纹，是西周晚期的艺术精品。

虢季子白盘形制奇特，似一大浴缸，为圆角长方形，四曲尺形足，口大底小，略呈放射形，使器物避免了粗笨感。四壁各有两只衔环兽首耳，口沿饰一圈窃曲纹，下为波带纹。

盘内底部有铭文111字，讲述虢国的子白奉命出战，荣立战功，周王为其设宴庆功，并赐弓马之物，虢季子白因而做盘以为纪念。铭文语言洗练，字体端庄，是金文中的书家法本。

虢季子白盘铭文的大意是：在十二年正月初吉期间的丁亥日，虢季子白制作了宝盘。显赫的子白，在军事行动中勇武有为，经营着天下四方。

进击征伐猃狁，到达洛水之北。斩了500个敌人

的首级，抓获俘虏50人，成为全军的先驱。威武的子白，割下敌人左耳献给了王，王非常赞赏子白的威仪。王来到成周太庙的宣榭，大宴群臣。

王说："白父，你的功劳显赫，无比荣耀。"

王赐给子白配有4匹马的战车，以此来辅佐君王。赐给朱红色的弓箭，颜色非常鲜明。赐给大钺，用来征伐蛮夷。子子孙孙万年永远地使用。

西周后期，在青铜器的制作工艺中又发明了印模制范，即先制成牢固结实的模具，用模具可以省时省力地翻印出许多相同的范，尤其是花纹范，更需要印模制范。但也因为方便而缺乏创新。

之后，又发明了两次或多次铸造方法，即先铸器物的耳、足、錾等部件，在铸造器体时将铸好的耳、足、錾等嵌于器体的外范相应的部位。这种先分铸后合铸的工艺既快又好，适宜铸造大件青铜器。

西周青铜器具有更多的本时代特点，趋向简朴、长铭。酒器爵、角、斝、觚、觯、方彝等基本消逝了，壶、罍、盂、樽、鸟兽樽仍继续保留。

盛食器的簠、盨和注水器匜是新出现的器种，造型大方而实用。匜、盘足一套盥器，相需为用，发现常一起出土。《礼记·内则》记载："进盥，少者奉盘，长者奉水，请沃盥，盥卒，授巾。"贵族豪华生活可见一斑。

青铜钟由先前3件为一组发展到大小8件为一组。这一时期的列鼎制度尤其盛行。簋也常常成2、4、6、8双数出现，与鼎相配。

器型上鼎、甗多做蹄形足，毛公鼎可作为典型代表。鼎与盘有的有流口，盘有的有腹耳。簋的圈足下常有3足。鬲多做折沿，弧裆，出现了带有火灶的一种特殊形制的鬲，在方鬲灶门外还铸一受刖刑的俑人浮雕。壶一般有套环双兽耳。戈援前锋多呈三角形。

西周后期还出现了有时代艺术风格的纹饰，如环带纹、窃曲纹、鳞纹、重环纹、瓦纹。但也有许多素面或器身仅有几道弦纹的器物。

由于制器者多注重铭文，因而新出现的纹饰不免有粗犷潦草之感。兽面纹一般已不再作为主题装饰了，而常做器足上端的装饰。鸟纹则继续流行。

西周后期青铜器制作朴素，铭文书体娴熟奔放，其内容更是极为珍贵的史料。铭文书体排列均匀整齐，字体严谨，书法娴熟，竖笔呈上下等粗的柱状，被称为"玉柱体"。

大克鼎还采用在方格内填字的方法。虢季子白盘铭文读起来朗朗上口，书体圆转秀美，具有小篆的韵味。

比如在陕西省眉县杨家村发现的逨盘，被誉为"中国第一盘"，逨盘通高20厘米，口径53厘米，圈足直径41厘米，腹深10厘米，兽足高4厘米。

盘为盛水器，一般与匜配套使用。为方唇，折沿、浅腹、附耳、铺首，圈足下附四兽足。腹及圈足装饰窃曲纹，辅首为兽衔环。

逨盘内底铸铭文21行，约360字，记载了单氏家族8代人辅佐西周自周文王至周宣王12

位王征战、理政、管治林泽的历史。对西周王室变迁及年代世系有着明确的记载，可印证史书的记述，对夏、西周断代工程所拟的西周宣王年表做出了检验。

逨盘造型与纹饰优美，长篇铭文气势恢宏，铸造工艺精湛，的确是我国古代青铜艺术的经典之作。

显然，这篇铭文的内容主要是逨夸耀自己的家族史、并纪念周王的册命赏赐，其中不乏西周中晚期金文中公文式的套话。但弥足珍贵的是，在称颂列祖列宗的同时，也基本历数了西周诸王，并道出了西周史的大致轮廓。

拓展阅读

史料记载郑桓公名友，或称多父，或称桓友，是周厉王少子、周宣王的异母弟。

对他的真实身份众说纷纭，虽然西周时期对人们铸造青铜器的条件并没有明确的限制，但就当时而言，铜是极其珍贵的，铸造较大的一件铜器是寻常百姓难以负担的，而且按照西周的规定，只有具备了一定的等级才能得到丰厚的赏赐。

从鼎的铭文中可以得知，如果不是宣王的弟弟，没有爵位和官衔的普通人是不可能受到如此隆重的礼遇和厚重的赏赐的，因此推测，多友鼎的铸造主人是郑桓公。

春秋战国

西周青铜器后，春秋战国时期是我国古代青铜器发展的又一个高潮期。可分为春秋早期、春秋中晚期至战国早期以及战国中晚期3个阶段。

春秋战国时期青铜器的主要特点是：列国器物大量出现；地域风格的形成；各地区之间逐渐交流；铸造技术的长足进步，反映出春秋战国时期生产力的提高。

春秋早期诸侯青铜器兴起

春秋早期青铜器形制和组合与西周晚期基本相同，纹饰也沿袭西周的特点。

春秋时期，王室、王臣的礼器几乎消失，代之而起的是列国诸侯、卿大夫甚至卿大夫家臣铸造的器物。这和当时王室衰微而诸侯、大夫及家臣势力不断壮大的形势相吻合。

这一阶段代表器物有山东黄县南埠发现的纪国媵器、河南三门峡上村岭发现的虢国青铜器、湖北京山苏家垅发现的曾国青铜器、山东烟台上夼发现的纪国青铜器、山东历城百草沟发现的鲁国媵器及

湖北随州熊家老湾发现的曾国青铜器等。

春秋时的纪国是姜姓诸侯国，铭文做"己"，其青铜器皆发现于山东，清代在寿光纪侯台下曾发现西周晚期的纪侯钟。

山东黄县东南的南埠有一座春秋早期墓葬，其中发现一批青铜器，有盘、鬲、鼎等共8件，其中前6件有铭，可知为纪国嫁女的媵器。

山东烟台南郊的上夼，也发现一座春秋早期墓葬，青铜器有鼎、壶、甬钟、戈、鱼钩等共9件，两件鼎上有铭，说明器主为纪侯之弟。

烟台远离纪国而近于莱国，墓主人可能是由纪国迁到莱国的。春秋初年纪国还曾与周王室通婚，《斋吉金录》中记载有山东的王妇纪孟姜，也是春秋早期器，可能也是嫁为王后的纪女之物。

虢国是我国东周时期的一个重要邦国，以虢国青铜器为代表的虢国文化，是春秋时期文化的重要组成部分。在春秋早期的青铜器中，虢国的青铜器以造型雄奇、纹饰精美、铸造工艺精湛而著称于世。

虢国墓地中发现的青铜器有鼎、簋、鬲、壶、洗、爵、盉、戈、编钟等。

如虢国古方鼎，外观雄奇，四足稳重端庄厚实，纹饰粗犷却又不失细腻之处，作为传国重器，是国家和权力的象征，并被赋予显赫、尊贵、盛大的引申意义，此鼎虽是实用品，而以外观之伟岸敦实，可

见使用者的身份和权势。

虢国铜方彝，是一种长方形盛酒器，带盖，直口，四壁做弧线状，腹鼓出，圈足，盖及器身的四角与中部各有一条凸起的扉棱相对，盖正脊中间立一钮，呈四面坡屋顶样式，通体铭纹丰富，并以夔纹为主题纹饰，精美绝伦。

再如虢国大爵杯，前部有流，后部设尾，流处竖菌形双柱，腹部外表面装饰兽面铭纹，铸造工艺精致，造型流畅优美，爵杯既是古代饮酒的器皿，同时也作为我国最早的青铜礼器，是拥有者权利与身份的象征。

虢国古方樽，是所铸的奉养礼器，高21厘米，口径20厘米，重3560克。方体，圆口，折肩，虽形制不大，却气度不凡，深厚雄健，仿佛大器，堪称春秋早期青铜鼎盛期中的上乘之作。

古方樽的颈部饰蕉叶纹，若仔细辨识，这每一瓣蕉叶纹竟是由上下倒置、五官移位的兽面纹构成，兽面纹下面是两只一组的优美凤鸟。肩部一周饰双头龙纹，龙首回顾观望。

四角是突出的带角象鼻首，象眼圆睁，长鼻卷曲，象牙上翘，双角弯折，别有威严神秘之相。

曾国的故城遗址在湖北省随州市曾都区，关于"曾"的记载，最早见于殷墟出土的殷商甲骨卜辞《掇续》的"左比曾"的铭文。

曾都区、汉水西岸的宜城、钟祥、武胜关的豫南，先后多次发现有"曾"铭文的青铜器，如"曾侯仲子父鼎"、"曾子仲鼎"、"曾侯白戈"、"曾姬无血"、"曾都尹法之行"、"曾孙法之鼎"等。

通过对这些出土的青铜器上的铭文以及史料进行研究和考证，可以得出"曾随合一"的结论，即在2400年前，以曾都区为中心的汉东地带的"随"国即"曾"国，随州城为曾都。

山东曲阜是鲁国故城，春秋墓葬中发现有大量青铜器，如北关村曾发现簋6件、豆1件以及车害、铃等铜器。

后来在曲阜鲁国故城遗址墓葬中又发现一批青铜器，器物主要有鼎、甗、簋、簠、壶、盘、匜、盆以及戈、车害等兵器和车马器，器形多为当时中原地区流行式样，纹饰也是以窃曲纹、重环纹、环带纹、垂鳞纹等为主的春秋时期常见纹饰。

有些铜器还铸有铭文，其中发现的铜器的铭文多是鲁司徒仲齐为其父伯走父做器或自做用器，铜器的器主则为鲁伯等人。

除了以上代表器物，春秋早期青铜制品还有在陕西宝鸡太公庙发现的秦公钟，高0.48米，两铣间距0.27米，共5件，大小不同，角上饰4条小龙，干带上有4组变形雷纹，腹部饰兽目单连纹，鼓部饰卷龙纹。

与秦公钟配套的还有秦公镈，镈和钟为大型敲击乐器，盛行于春秋战国时期，在贵族祭祀或宴飨时与编磬等乐器配合使用。桥形口者为钟，平口者叫镈。

秦公镈造型雄伟，鼓部齐平，中起4道飞棱，侧旁的两道飞棱，形状是9条盘曲的飞龙，前后两条则是5条飞龙和1只凤鸟。舞部各有一龙一凤，背对背，向后回首，钮上有环。镈身上下各有一条带状花纹，由变形的蝉纹与窃曲纹组成。

秦公镈上有铭文，记载了秦早期的世系，对研究秦代先祖的历史极为重要，也有助于了解春秋早期秦地的青铜铸冶技术，以及音乐文化。

另外还有"青铜器珍宝"之称的龙耳虎足方壶，发现于河南新郑李家楼郑公大墓，其通高0.87米，宽0.47米，重41千克。

龙耳虎足方壶有盖，盖似华冠。直口厚唇，束颈修长似扁方筒，

鼓腹，圆形底。颈饰蕉叶纹，这件方壶的雕饰最具特色的是一个龙和虎的配合，颈两侧附一对壮硕的龙形耳，龙为高冠，回首卷尾呈蹲立状，双龙耳上铸有细缕孔，整体给人一种凌驾于云气，沐于深泉的雄伟气魄。

腹饰界栏状凸棱，上区饰蟠螭纹，下区光素无纹。圈足饰蟠螭纹和云纹，足下卧两虎，虎身下伏，口微

张，外吐长舌。

此壶造型优雅，纹饰繁缛精美，龙虎上下呼应，栩栩如生。龙代表神武、力量、权势，具有王者风范，而且极为善变，能驱邪避灾。此器青龙蜿蜒，白虎驯服，寓意美好、吉祥。

通体蟠虺纹，两侧双龙回首，尽展显赫地位，昭示尊贵身份，龙之腾飞，寓意步步高升。

春秋战国时期，意识

形态领域空前活跃，人们个性张扬，崇尚浪漫情怀。春秋青铜器作为当时风貌的物化反映，器形由厚重变得轻灵，造型由威严变得奇巧，手法由浓厚的神秘色彩而趋向写实，装饰纹样也变得易于理解和更接近于生活。

莲鹤方壶的出现，是春秋时期时代精神的象征。反映了一种新的生活观念与艺术观念，是活跃升腾的精神力量的形象体现。

壶是古代青铜酒具的一种，也是青铜礼器的重要种类之一，自商代就已有之，主要盛行于春秋战国时期。

《诗经》中曾有"清酒百壶"的记载，所指的便是这类器物。其造型多种多样，有方壶、扁壶、圆壶、瓠形壶等，造型奇特华美，为

春秋青铜器中的精品。

郑国莲鹤方壶主体部分为西周后期以来流行的方壶造型，造型宏伟气派，装饰典雅华美。顶盖做镂空花瓣形，中立一鹤，昂首舒翅。双耳为镂雕的顾首伏龙，颈面及腹周皆为伏兽代替扉棱。

方壶通体四面自颈至腹饰以相缠绕的龙，不分主次，上下穿插，四面延展，似乎努力追求一种总体上的动态平衡。圈足饰似虎的兽，足下承以吐舌双兽，兽首有两角，似乎在倾其全力承托重器。构思新颖，设计巧妙。

壶上物像众多，杂而不乱。神龙怪虎，神态各具。当然，方壶装饰最为精彩的部分是盖顶仰起的双层莲瓣和伫立于莲芯之上展翅欲飞的立鹤。

仙鹤亭亭玉立，双翼舒展，引颈欲鸣，它们所展示出的这种清新自由、生动活泼的意境，形神俱佳，栩栩如生，一扫前代装饰工艺肃穆刻板的风格，标志着我国古代装饰工艺的新开端。

莲鹤方壶硕大的器形、优雅的曲线、纯青的工艺、精美的纹饰，清新隽

永，令世人叹为观止，因此莲鹤方壶被誉为"青铜时代的绝唱"，它说明郑国的工业科技水平特别是青铜器铸造工艺，在当时处于领先地位。

莲鹤方壶构图极为复杂，造型设计非常奇妙，铸造技艺卓越精湛，堪称春秋时期青铜艺术的典范之作。莲鹤方壶需要几十个奴隶同时浇铸才能完成，是多范畴合铸工艺的代表。

莲鹤方壶遍饰于器身上下的各种附加装饰，不仅造成异常瑰丽的装饰效果，而且反映了青铜器艺术在春秋时期审美观念的重要变化。

拓展阅读

1923年8月25日，家住河南新郑县南门外李家楼村的一个名叫李锐的乡绅，在自家的菜园中打井。

当挖到地下3米多深时，竟挖出不少古铜器的碎片，他从中挑了3件比较完整的铜鼎去卖，没想到居然卖得大洋800多块，于是喜出望外，赶紧回家接着挖，他做梦也不会想到，这口井正打在了2600多年前郑国国君的大墓上。

北洋陆军第十四师到新郑巡防时，得知此事，立即派人接管、监督，并派出工兵部队继续挖掘。坑越挖越大，宝物越挖越多，一直挖了一个多月，共出土青铜器100多件。

其中包括一对龙耳虎足方壶。后来，这对龙耳虎足方壶分藏在北京故宫博物院和台北历史博物馆里，北京故宫博物院的叫"龙耳虎足方壶"，而台湾历史博物馆的有着另外一个名字"春秋蟠龙方壶"。

春秋中晚期流行蟠螭纹青铜器

春秋中期以后的青铜器，以蟠螭纹的流行为标志，山西侯马所出的陶范和旧著录中的晋公器等器物上都有细密的平面蟠螭纹。

这时，我国大体上呈现以三晋为中心的中原、以秦国为中心的西方和以楚国为中心的南方三足鼎立的格局。

此外，北方、西南方、东南方等几处少数民族区域也各有其独特

风格。山西省侯马上马村墓穴是发现春秋中期晋国青铜器的重要墓葬，共有器物180多件，组合为鼎、鬲、甗、敦、簠、方壶、鉴、盘、匜等，并有编钟及石质的编磬以及戈、矛等武器。

侯马春秋墓中的鼎有

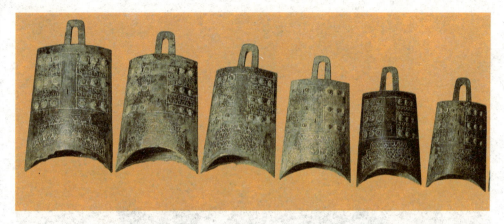

7件，形制不同，但皆附耳。敦为环钮，有3小足，簠有对称的两个环耳。

9 件编钟已是钮钟形式，是钮钟中相当早的一例。两件鼎作者为徐王之子庚儿，其时代当为春秋中期偏晚，因此上马村墓穴应为春秋中、晚期之交的墓葬。

侯马窑址出土陶范多达 3 万余块，其中可辨器形者有1000块以上，可以配套的有 100多件。其中属于早期的陶范纹饰较简素，以平面的蟠螭纹、绚纹为主，与晋公青铜器上细密的平面蟠螭纹正相合。

晋公青铜器做于公元前 537年，代表了春秋中晚期的风格。晚期的陶范多有浮雕状纹饰，有的非常复杂富丽，与相传发现于河南辉县的一对赵孟壶和一对智君子鉴上的纹饰风格相同。

智君子鉴上的浮雕状纹饰比赵孟壶更为发达，时代当更晚，铭文中的"智君子"可能就是公元前 453年被韩、赵、魏所灭的智氏末一代智瑶。因此，这种浮雕状纹饰当起于公元前 500年左右的春秋末期，盛行于战国前期。

晋国青铜器铸造工艺在春秋列国中居于领先地位，侯马的陶范上的图像和浮雕状纹饰，显示了晋国青铜器铸造工艺的先进。

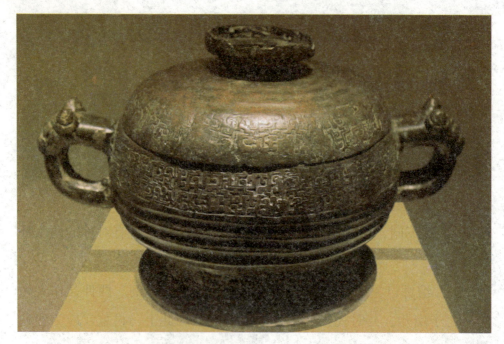

　　比如晋国鸟兽龙纹壶，器形圆体，宽颈，深腹外鼓。盖及两耳已失。器物主体纹饰是人首鸟体的怪兽和蟠螭纹龙相互缠绕。

　　在纹饰之间还有虎、豹等动物的食人之像。腹下饰一周雁群纹，雁做昂首曲颈状，体现了晋国青铜铸造业的高度水平。

　　秦公簋相传发现于甘肃礼县大堡子山秦公墓地，做于秦景公时，是秦公之祭器，在秦汉时曾被当作容器使用。敛口微腹，兽首耳较大。盖缘和口下饰兽目交连纹，器上兽首倒置，圈足饰鳞纹，余饰横条纹，盖沿和口沿每组纹饰间还设有上下相反的浮雕兽首，殊为奇特。

　　上有铭文104字，分铸于器及盖上。盖器同铭5字，记秦公做此簋。器和盖上又各有秦汉间刻款9字。铭文均由印模打就，青铜器的此种制作方法，仅见此例。铭文字体整饬严谨，微曲中求劲健，表现出强悍雄风，也是春秋时期秦国的传神写照。

河南淅县下寺楚墓中发现的王子午鼎，是春秋时期楚国的青铜器，是分铸后焊接而成，采用了榫卯、中介物等新型构思，技艺之高超，在当时的世界范围内是一流的水平。

本来这是一套7件用失蜡法铸造的列鼎，鼎上铭刻有"王子午"字样，7鼎由大至小排列，称为列鼎，王子午鼎是其中最大的一件。

该鼎侈口、束腰、鼓腹、平底、三蹄形足，口沿上有两外侈的长方形耳，旁边攀附6条蟠螭纹龙形兽，兽口咬着鼎的口沿，足抓着鼎的腰箍，使鼎在香烟缭绕中有升腾的感觉。腹部满浮雕的攀龙和弦纹。内腹与盖内均有铭文。

该鼎是楚庄王之子、楚共王的兄弟、曾任楚国令尹之职的王子午，即子庚的器物。该器物又成为研究楚文化的标准器。鼎腹内壁均铸铭文共84字，记述王子午做器的用途和歌颂自己的功德。

春秋齐洹子孟姜壶，是齐侯为田洹子之父所做的祭器。高0.22米、口径0.13米，铜壶颈部内壁有铭文142字，铭文记述田洹子之父死后，

齐侯请命于周王，为死者举行多种典礼。

田洹子即田无宇，娶齐侯之女孟姜为妻。齐国自齐桓公死后，内部发生纷争，逐渐失去霸主地位。至齐景公之世，政权下移于卿大夫，卿大夫之间的兼并斗争越演越烈。

斗争中，田无宇先后消灭栾氏、高氏，壮大了自己的势力。公元前481年，田常杀齐简公，从此田氏完全控制了齐国政权。

这一时期，各地区之间逐渐交流。例如吴越地区流行的细线云雷纹在楚地也时有发现，而原先用于北方的带钩也传播到了南方，从物质文化角度反映出东周时期走向统一的历史趋势。

南方吴越地区春秋青铜器代表有吴王夫差鉴，高0.45米，口径0.73米，重45千克。

鉴是一种水器，在日常的生活中有时也用来盛冰。此器形如大缸，平底。器腹两侧有虎头状兽耳，两耳间的口沿旁有小虎攀缘器口，做探水状。

通体饰繁密的蟠螭龙纹交相3周。器内壁有铭文两行13字，记吴王

夫差用青铜做此鉴，为吴王夫差宫廷中御用之物。

这件鉴耳上兽面的额顶又饰一高出器口的长鼻兽。另两侧装饰了立体的卷尾双角蟠螭龙，两条龙攀缘器壁，咬住鉴口，炯炯有神的双目窥探鉴内，非常形象生动。

除了立体的双龙，鉴的口沿、腹部均饰繁密的蛟龙纹。这种体躯交缠、盘旋的龙纹，盛行于春秋战国之际。

同一时期的吴王夫差青铜剑也为佳品，剑锷锋利，剑身满饰花纹，剑谭饰嵌绿松石兽面纹，剑身近格处镌"攻吴王夫差 自乍其元用"10字，为吴王夫差用剑。吴王夫差兵器已发现多件。

夫差是吴王阖闾的儿子，于公元前495年继王位，次年击败越王勾践，继而挥师北上，争霸中原。

公元前482年，吴王夫差与晋定公盟于黄池，即河南省商丘县南。春秋五霸之后，僻居东南的吴国和越国在中原地区的周朝王室衰微、诸侯争霸战争越演越烈的时候，吴越两国之间也爆发了激烈的战争。

公元前494年，吴王夫差亲自率领吴军攻打越国，越国战败，越王勾践屈辱求和，并到吴国侍候夫差。后来，勾践通过"卧薪尝胆"，3年后借助黄池之会攻占了吴国都城，杀死了吴国太子友。

就在这种不断的战争中，吴越两国建立了大规模的军队，大量地使用的兵器之一就是剑。剑是我国古代一种重要的近战短兵器，它由剑身和剑柄两部分构成。

　　剑身修长，两面都有利刃，顶端收聚成锋；剑柄则较短，用于手握。由于在格斗中其功能以推刺为主，故又称为"直兵"。

　　越王剑是春秋时越王勾践请铸剑名师经历数年精心铸造出来的。据《吴越春秋》和《越绝书》记载，越王勾践曾特请龙泉宝剑铸剑师欧冶子铸造了5把名贵的宝剑，其剑名分别为湛庐、纯钩、胜邪、鱼肠、巨阙，都是削铁如泥的稀世宝剑。

　　据称，后来越被吴打败，勾践曾把湛庐、胜邪、鱼肠3把剑献给吴王阖闾求和，但因吴王无道，其中湛庐宝剑"自行而去"，到了楚国。为此，吴楚之间还曾大动干戈，爆发过一场战争。

　　历史上楚国和越国的关系曾经有一段非常亲密的时期，越王勾践还把自己的女儿嫁给了楚昭王。勾践的女儿生下了后来的楚惠王。

　　"越王勾践剑"发现于湖北江陵望山墓穴内棺中，位于墓主人的左侧，插在髹漆的木质剑鞘内。也许这就是越王勾践送给女儿的嫁妆。已在地下埋藏了2500多年的剑，却仍然完好如新，拔剑出鞘，寒光闪闪，毫无锈蚀。

越王勾践剑全剑长55厘米，柄长8厘米，剑宽4厘米。剑身修长，有中脊，刃锋利，前锋曲弧内凹。剑首外翻卷成圆箍形，内铸11道同心圆，剑身上布满了规则的黑色菱形暗格花纹，剑正面镶有蓝色玻璃，背面镶有绿松石。

剑有两行鸟篆铭文，共铸8个金鸟篆体阳文："越王鸠浅，自作用剑"。剑身上两道凸箍，铸工精湛，为历代传颂的吴越名剑之一。剑身上装饰着菱形花纹，剑柄与剑刃相接处两面也用蓝色琉璃镶嵌着精美的花纹。

无论就勾践剑的外形研制，还是质料搭配，这口剑都无疑是我国青铜短兵器中罕见的珍品。

越王勾践剑的含铜量约为80%至83%、含锡量约16%至17%，另外还有少量的铅和铁，可能是原料中含的杂质。

作为青铜剑的主要成分铜，是一种不活泼的金属，在日常条件下一般不容易发生锈蚀，这是越王勾践剑不锈的原因之一。

而且在同一剑上，各个部位的合金成分各不相同，这是根据需要配制的。剑脊需韧性好，含铜较多，故不易折断；剑刃需要硬度大，故含锡多，可使剑锋利；剑的花纹处含硫高，硫化铜

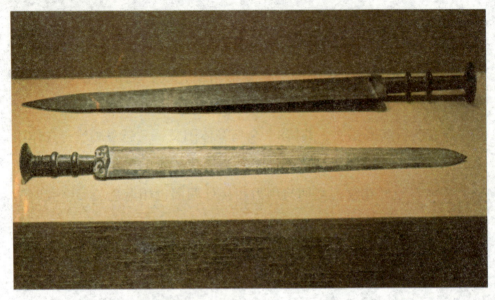

可防锈蚀并保持花纹艳丽。

据考证，这种复杂的复合金属工艺，是分两次烧铸造后又复合成一体制作而成的。这种工艺外国人近代才开始使用。

一把在地下埋藏了2500多年的古剑，居然锋利无比，闪烁着炫目的青光，寒气逼人。20多层的复印纸，剑从中间"唰"一声一划全破。难怪它是我国收藏的第一号名剑，享有"天下第一剑"的美誉。

越王勾践剑上的花纹是用金属锡制成的。春秋战国时期，青铜器的表面装饰有多种，采用锡是其中之一，青铜的亮黄色与锡的亮白色相互衬托，耀眼美观。

但锡有两点不足，一是硬度低，容易出现划痕，所以只能填在剑身的花纹内；二是在空气中容易被氧化而使光泽暗淡，失去了装饰的意义，所以这种方法并没有被较广泛地使用。

越王剑剑身的菱形暗格技术，是吴越之剑非常富于装饰性的一种工艺，这也是人们喜爱吴越之剑的一个原因。这把越王勾践之剑剑首用11道特别薄的铜片制作的同心圆。

在离发现越王勾践剑仅1千米处的另一座春秋时期的古墓中，又发现了吴王夫差矛。此矛也是通体装饰黑色菱形花纹，而且保存完好，铸技之精、工艺之美，堪与越王勾践剑匹敌。这一剑一矛被世人公认为是吴越青铜兵器中的双璧。

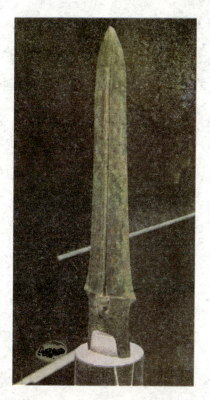

再来看这件春秋晚期的牺樽，高0.33米，长0.58米，重10.76千克，是以牛为器形，所以命名为"牺樽"。该樽的腹部中空，颈及脊背上有3穴，中间一穴套有一只锅形的器皿，可以自由取出。根据其构造的特点，可以确定这是一件温酒用的器物，锅形器容酒，前后两个空穴用于灌注热水。

此樽纹饰华丽繁缛，构图新颖，牛首、颈、身、腿等部位装饰有以盘绕回旋的蟠螭龙蛇纹组成的兽面纹，仔细观察为兽面衔两蟠龙，

蟠龙的上半身从兽面的头顶伸出，后半身被兽面的双角钩住并向两边延伸。在牛颈及锅形器上饰有虎、犀牛等动物的浮雕，形态生动，铸造精美。

这件牺樽的牛鼻上还穿有一环，说明了至少在春秋时期，已经开始使用穿鼻的方法来驯

服牛了。牛鼻环在当时称为"桊"。

在殷人观念中，体格健壮、有一双弯曲而有力的大角的水牛更具灵性，所以让它充当人与神沟通的媒介，担负通天地神兽的重要角色，主要用于祭祀。

同时牛樽的器身满饰动物纹，在商周时代的神话和美术中，动物或动物纹样占有很重要的地位，在祭祀中被视作神奇力量，扮演沟通天地的助手。

这件牺樽集铸造、设计、雕刻艺术于一身。既是精美的艺术品又是生活中的实用品，承载着大量的历史文化信息，是一件不可多得的青铜精品。

拓展阅读

至春秋中晚期，列国金文在形体上均已形成较鲜明的时代特色，不同地理区域，甚至区域相邻的不同国家间的金文也有了较大的差别。

但当时大小国众多，所能掌握的金文资料，尚不足以逐一做细致的、分国别的研究。这一阶段金文大致分4个区域，即是东方之齐鲁、中原之晋、南方诸国和秦中。

同时，青铜铸造技术也有了长足进步。器物制作方面主要体现在合范法铸造的高度发达、失蜡法的应用、模印法制范、镶嵌工艺的普遍流行，以及兵器的表面处理技术等。

湖北大冶县铜绿山的矿井遗址体现了东周时代青铜冶铸业的巨大规模，反映出春秋战国时期生产力的提高。

战国早期青铜纹饰达到新高峰

　　春秋晚期至战国早期，青铜器纹饰发展成浮雕状，繁复的镂空花纹则达到了东周时期青铜器制作的顶峰。

　　代表器物有河南新郑铜器群、安徽寿县蔡侯墓铜器群、山西浑源

李峪村铜器群以及辉县山彪镇和琉璃阁、河南淅川、长治分水岭，湖北随州擂鼓墩等地的铜器群等。

其中最著名的是湖北随州擂鼓墩的曾侯乙墓发现的青铜器。这座墓的下葬年代为公元前432年，距今2410余年。

曾侯乙，姓姬名乙。战国时代曾国一个名叫"乙"的诸侯国君。他不仅是一位熟谙车战的军事家，也是一位兴趣广泛的艺术家。

曾侯乙墓中共发现随葬品15000多件。其中曾侯乙编钟一套65件，是最完整、最大的一套青铜编钟。青铜礼器主要有镬鼎2件、升鼎9件、饲鼎9件、簋8件、簠4件、大樽缶1对、联座壶1对、冰鉴1对、樽盘1套2件及盥缶4件等。其中樽盘系用先进的失蜡法铸造，表现出战国时期青铜冶铸业所达到的高水平。

曾侯乙墓随葬数量庞大的乐器，钟磬铭文中有大量乐理乐律铭文，显示了曾侯乙生前对于乐器制造与音律研究的重视程度。

墓内还有大量铸造极精的青铜器珍品，及绘画、雕塑艺术、书法精品，并且大量器物并非冥器，而是曾侯乙生前所用之物，多为他亲自督造，说明他兴趣广泛，具有多方面的才华和较高的艺术鉴赏力。

曾侯乙墓的青铜共计钮钟19件，角钟45件，分三层悬挂在满饰彩绘花纹的铜木结构的钟架上，每层的立柱下都铸造成一个青铜佩剑武士。编钟的形体和重量是上层最小，中层次之，下层最大。最小的一件重2400克，高0.2米；最大的一件重203.6千克，高1.53米。它们的总重量在2500千克以上。钟架通长11.83米；高达2.73米。

钟在我国商朝时就已出现，最初只有三五枚，至周朝增到9枚至13枚，战国时发展成61枚。人们按钟的大小、音律、音高把钟编成组，制成编钟，演奏悠扬悦耳的乐曲。

而曾侯乙编钟共65枚，其中一枚是战国时楚惠王赠送的镈。曾侯乙为表示对楚王的敬重而放在显要位置上。钟上大多刻有铭文，上层19枚钟的铭文较少，只标示着音名，中下层45枚钟上不仅标着音名，还有较长的乐律铭文，详细地记载着该钟的律名、阶名和变化音名等。

钟及架、钩上共有铭文3755字，内容为编号、记事、标音及乐律理论。这些铭文，便于人们敲击演奏。

曾侯乙编钟音域宽广，有5个八度，钟的音色优美，音质纯正，基调与C大调相同。

编钟的悬挂有3种方式：下层环挂式，挂钩为爬虎套环和双杆套环两种；中层钩挂式，挂钩为框架钩和焊钩两种；上层插挂式，是以插销入孔、串钩钟钮。

全部甬钟的记事铭文均为"曾侯乙做持"5字，标明钟的制作和享用者是曾侯乙。镈钟的铭文则记载楚王熊章为曾侯乙铸宗彝一事。标音明文标示了钟的位置或敲击部位及其所发音的名称，它们构成了十二半音称谓体系。乐律理论记述了曾国与楚、晋、齐、申、周等国的律名对应关系。

钟铭所见律名28个、阶名66个，绝大多数都是前所未知的新材料。这套编钟的铭文，是一部重要的我国古代乐律理论专著。

全套编钟音域宽广，音律充实，音色优美。每件钟均有呈三度音程的两个乐音，可以分别击发而互不干扰，也可同时击发构成悦耳的和声，证实了我国古编钟双音的规律。

全套编钟具有深沉浑厚的低音、圆润淳朴的中音和清脆明快的高音。中心音域内具十二半音，可以旋宫转调，演奏七声音阶的多种乐曲。

钟及钟架铜构件是铜、锡、铅合金，合金比例因用途而异。用挥铸、分铸、锡焊、铜焊、铸镶、锉金、磨砺制作而成，工艺精湛。编

钟的装配、布局，从力学、美学、实际操作上，都显得十分合理。

全套钟的装饰，有人、兽、龙、花和几何形纹，采用了圆雕、浮雕、阴刻、彩绘等多种技法，以赤、黑、黄色与青铜本色相映衬，精美壮观。

同时还有6个"丁"

字形彩绘木槌和两根彩绘撞钟木棒，据此并经实验判定，这套钟的使用共需5人：3人双手执小槌掌奏中、上层钟；两人各持撞钟木棒，掌奏下层钟。

曾侯乙墓中还有一件珍贵的青铜樽盘，樽高0.33米，口宽0.62米，盘高0.24米，宽0.57米，深0.12米。

樽敞口，呈喇叭状，宽厚的外沿翻折，下垂，上饰玲珑剔透的蟠螭透空花纹，形似朵朵云彩上下叠置。樽颈部饰蕉叶形蟠螭纹，蕉叶向上舒展，与颈项微微外张的弧线相搭配，和谐又统一。

在樽颈与腹之间加饰4条圆雕豹形伏兽，躯体由透雕的蟠螭纹构成，兽沿樽颈向上攀爬，回首吐舌，长舌垂卷如钩。樽腹、高足皆饰细密的蟠螭纹，其上加饰高浮雕虬龙4条，层次丰富，主次分明。

盘直壁平底，4龙形蹄足口沿上附有4只方耳，皆饰蟠螭纹，与樽口风格相同。4耳下各有两条扁形镂空夔龙，龙首下垂。

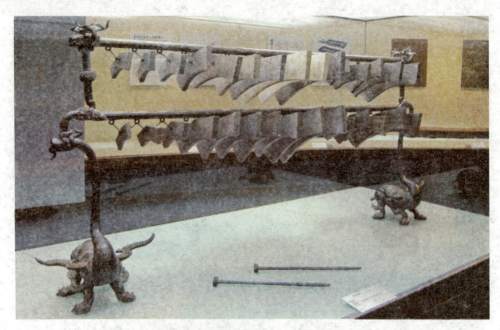

　　4龙之间各有一圆雕式蟠龙，首伏于口沿，与盘腹蟠虺纹相互呼应，从而突破了满饰蟠螭纹常有的滞塞、僵硬感。樽置于盘内，两件器物放在一起浑然一体。

　　樽是盛酒器，盘一般作为水器用，两者合为一器，樽内盛掺有香草汁的酒，祭祀时以献尸，宾礼时以饮客。整套器物纹饰繁缛，穷极富丽，其精巧达到先秦青铜器的极点。

　　尤其是器上镂空装饰，透视有若干层次，系用失蜡法铸造，这一发现，证实了在2400多年前的战国早期，我国的失蜡法铸造技术已经达到极高的水准。樽和盘均铸有"曾侯乙作持用终"铭文。

　　曾侯乙墓中青铜乐器还有一套编磬，通高1.09米、宽2.15米。青铜锉金磬架，由一对圆雕怪兽及其头上插附的立柱为虡，两根圆杆作为横梁，呈单面双层结构。兽顶插附的立柱从腰、顶两处与横梁榫接。横梁底等距焊铸铜环，以串钩挂磬。磬架施线条流畅的锉金云纹。

32块磬系用石灰石或大理石磨成，形若倨句，大小有异，分为两层4组。一磬虡兽舌上有"曾侯乙做持用终"铭文。

曾侯乙墓的青铜鹿角立鹤，通高1.43米，鹤高1.1米。鹤长喙上翘呈钩状，引颈昂首伫立，两翅展开作轻拍状。拱背，垂尾。鹤首两侧插有两支铜质鹿角形枝杈。鹤的头、颈和鹿角上有几何纹饰，其他部位有铸成和镶嵌的云龙纹。

此器造型别致，是一件独具风格的青铜工艺精品。鹤和鹿是长寿和吉祥的象征。把鹿角插入鹤头，将两者置于一身，可称之为"瑞鹤"。古人把仙人乘车叫"鹤驭"、"鹤驾"。

曾侯乙墓的青铜大樽缶通高1.24米，口径0.48米，足径0.69米，重327.5千克。

樽缶为古代盛酒器，这件大樽缶是我国先秦酒器中最大、最重的一件，堪称"酒器之王"。它不但拥有足以傲视同类的巨大体型，而且在纹饰上也极尽精美。

器表由细密复杂的涡纹、重环纹、蟠螭纹、绚纹、雷纹、蕉叶纹、带纹、蟠蛇纹等构成，花纹花式统一，线条整齐划一。

大樽缶里面还存有酒液，历经2400多年没有泄漏，可见缶的密封性之好。这件大樽缶不仅对了解曾国的人文历史提供了珍贵实物资料，而且

也让人感受到了当时贵族的豪饮之风。

还有一件青铜联铜禁壶，壶为敞口，厚方唇，长颈，圆鼓腹，圈足。壶盖有衔环蛇形钮，盖外沿套装勾连纹的镂孔盖罩。壶颈两侧各有一攀附的龙形耳，器身饰蟠螭纹和内填蟠螭纹的蕉叶纹等。

两壶内壁均铸有"曾侯乙做持用终"铭文。铜禁在世界上仅见4件，而在湖北更是首次被发现。

墓中还有一件青铜冰鉴，通高0.61米，边长0.6米，重170千克。鉴是古代用以冰酒或温酒的器具，它由内外两件器物构成。外部为鉴，鉴内置一樽缶，鉴与樽缶之间有较大的空隙，夏天可以放入冰块，冬天贮存温水，樽缶内盛酒，这样就可以喝到"冬暖夏凉"的酒。

鉴和樽缶均饰以变形蟠螭纹、勾连纹和蕉叶纹等，并均有"曾侯乙做持用终"铭文。此器结构复杂，造型奇特，工艺精湛，是具有特殊用途的大型酒具，同时发现有两件，造型、纹饰、大小均同。

除曾侯乙墓的青铜器外，比较著名的还有战国早期的铜鸟兽纹壶，通体满嵌紫红色花纹，如果连同三角形的格栏，从上至下共有16层之多。

壶身主纹带重点表现龙、虎、兽面及鹿等多种动物，它们颇具抽象意味，形态活泼。在动物的周围还辅之以云朵、蕉叶一类花饰。在深色的胎体上，这些紫红色图案格外突出，具有强烈的装饰效果。

类似的如时代要略早于鸟兽纹壶的春秋时期铜兽纹樽缶，它的肩部用红铜嵌4组瑞兽，每组两个，一前一后，前者驻足回首，后者奋力追赶，两者相互顾盼，憨态可掬，活泼可爱。

拓展阅读

1977年9月，在湖北省随州城郊，曾侯乙编钟重见天日。这是我国文物考古、音乐史和冶铸史上的空前发现。当时，随州城郊擂鼓墩驻军扩建营房时，偶然发现了曾侯乙墓。

当勘测小组赶到现场时，部队施工打的炮眼距古墓顶层仅差0.8米，只要再放一炮，这座藏有千古奇珍的古墓就会永远不复存在。

1978年5月22日凌晨5时，墓室积水抽干后，雄伟壮观的曾侯乙编钟露出了它的真面目，所有在场的人都被这座精美绝伦的青铜铸器惊呆了：历经2400多年，重达2567千克的65个大小编钟整整齐齐地挂在木质钟架上。

编钟出土后，文化部的音乐家赶到现场，对全套编钟逐个测音。检测结果显示：曾侯乙编钟音域跨越5个八度，只比现代钢琴少一个八度，中心音域12个半音齐全。

战国中晚期青铜器大量出现

至战国中晚期，许多铜器都变成素面的，而且服御器、日用器大量增加。代表器物有长沙、寿县等地发现的楚器、陕县后川发现的魏器等。

陈侯午敦，通高20厘米，口径17厘米。器呈素面圆球形。盖、器上对称分布3圈钮以为支点，在器口缘下两侧还各有一圈耳。器内底有画线界隔的铭文8行，共36字，记述了陈侯午用各诸侯所献青铜为其先母孝大妃做敦之事。

与田齐桓公有关的还有陈侯午簠，高0.33米。由铭文可知，齐桓公田午在位第七年时，用诸侯送来的美铜铸了一件"陈侯午七年敦"；在位第十四年时，又用各诸侯进献的美铜，铸了两件"陈侯午十四年敦"及一件"陈侯午十四年簠"。

关于战国时期中山国的历史，文献所载仅是片言只语，王室世系也不清楚。而遗留下来的中山王鼎、壶铭文为研究战国时期中山国的历史提供了重要资料。

河北省平山中山王墓发现的中山国王所做铜鼎与方壶，与同时发现的嗣王所做圆壶合称"中山三器"，均有很长的铭文，记载了中山国的历史，补充了文献中的缺佚。

中山王鼎是我国发现的最大的铁足铜鼎，圆腹圜底，附耳，兽蹄足，覆钵形盖，顶有三环钮，通高0.51米，最大直径0.65米，顶盖及鼎腹部刻有铭文469个字，共刻有铭文77行，盖上两个字，腹部凸玄纹以上3个字，以下一个字。

方壶即通常所谓的钫，通高0.63米，腹径0.35米，腹的四面刻铭文450字。在壶盖上有4个抽象的龙形钮，在壶肩四棱上各雕塑有一条小龙，龙头冲上，独角大耳，颈背生鬃，长尾。

这些龙装饰的使用，为素光无花纹因而略显呆板的壶体增加了活泼气氛，而龙身无繁缛的花纹，与壶体协调相称，共同构成一种素雅明快之美感。

该壶的4个光平的腹壁上，是用纤细的笔道、工整优美的篆书，刻下的长达448个字的铭文。

根据铭文的记载，这是一件中山国王命令其相邦铸造的酒器，选择燕国优质铜，铸造铜壶，按照禋祀的礼仪规定装酒，用于祭祀上帝

和祖先。在铭文中说该器叫作彝壶，用来盛祭祀上帝、祖先的酒。

中山王鼎、壶的铭文内容相似，主要是赞颂相邦率师伐燕而建立的功勋，并谴责燕王哙让王位于燕相子之，因为"臣主易位，逆天违人，故身死国亡"。

文献记载，当时只是齐国乘机入侵，攻破燕都。据鼎、壶铭文，中山国的相邦司马也率师参加了这次伐燕，并夺地数百里，城数十座。齐伐燕事发生在公元前316年，鼎和壶的铸造时间当在此后不久。

圆壶为短颈鼓腹，两侧有二铺首，圈足，有盖，盖饰3钮，通高44厘米，腹径32厘米，腹与圈足皆有铭文，腹部铭文59行，182字。

鼎、壶的铭文如"皇祖文武、桓祖成考"，即记录了4位先王的庙号，连同做器者王，做圆壶者，这就衔接起了前后共6代中山王的世系，对文献所载中山武公前后的历史做了重要补充。

梁十九年鼎，也称"亡智鼎"，是战国晚期珍品，通高18厘米、口径17厘米，重4100克，容积3075毫升。扁圆体，附耳向外曲张，3条矮蹄

足，浅腹圜底，盖隆起，上有3个凫形钮。腰上有一粗弦纹铭文字数，口下刻铭文35字。

青铜刀币是战国时期的货币，有"折刀"，也有"直刀"。折刀是燕国、中山国、齐国等地的铸币，分为弧折、罄折；弧折较早。面文有字，有释为"明"、有释为"易"、有释为"匽"。背文有纪地、纪数、纪炉座、纪名物等；直刀是赵国、中山国铸币。钱文多用于纪国地区。

战国时期楚文化得到蓬勃发展，因此这一时期的青铜器也很有代表性。如安徽省寿县楚王墓发现的铸客铜鼎，又名楚大鼎或大铸客鼎。楚国青铜炊器，通高1.13米，口径0.87米，耳高0.36米，腹深0.52米，腹围2.9米，足高0.67米，重约400千克。

该铜鼎圆口，方唇，鼓腹，圆底，三蹄足。颈侧附双耳，耳的上部外侈。腹饰一周突起的圆箍。箍上饰模印花纹，双耳和颈部外壁饰模印菱形几何纹，足根部饰浮雕漩涡纹。鼎口平沿刻铭文12字，刻铭开头即是"铸客"两字。

铜鼎的前足和腹下均刻有"安邦"两字吉语，又因此鼎在数千件楚器中最为雄伟，堪称楚王重器，特冠一"大"字，是周代以来最大最重的鼎。

青铜器在此时发展越来越精致，比如河北省平山县发现的一件铜器金银，通高0.36米，上框边长0.47米，环座径0.31米，重18.65千克。

铜器周身饰金银花纹。下部有两牡两牝4只侧卧的梅花鹿环列，四肢蜷曲，驮一圆环形底座。中间部分于环座的弧面上，立有4条神龙，分向四方。四龙独首双尾。龙身盘绕纠结之间四面各有一凤，引颈长鸣，展翅欲飞。上部龙顶斗拱承一方形框，斗拱和框饰勾连云纹。

这件案面原为漆板，已腐朽不存，仅留铜案座。它的造型内收而外敞，动静结合，疏密得当，一幅龙飞凤舞图跃然眼前，突破了商、周以来青铜器动物造型以浮雕或圆雕为主的传统手法。

另外，4个龙头上各有一个斗拱，第一次以实物面貌生动再现出战国时期的斗拱造型。

拓展阅读

春秋晚期至战国时期，由于铁器的逐渐推广使用，铜制工具越来越少。

我国古代铜器，是我们的祖先对人类物质文明的巨大贡献，虽然从目前的考古资料来看，我国铜器的出现，晚于世界上其他一些地方，但是就铜器的使用规模、铸造工艺、造型艺术及品种而言，世界上没有一个地方的铜器可以与我国古代铜器相比拟。这也是我国古代铜器在世界艺术史上占有独特地位并引起普遍重视的原因之一。

秦汉及后青铜器

战国末至秦汉末这一时期，传统的礼仪制度已彻底瓦解，铁制品已广泛使用。至东汉末年，陶瓷器得到较大发展，把日用青铜器皿进一步从生活中排挤出去。至于兵器、工具等方面，这时铁器早已占了主导地位。

隋唐时期的铜器主要是各类精美的铜镜，一般均有各种铭文。自隋唐以后，青铜器便不再有什么发展了。正因为这样，秦汉至隋唐的千百年间，所遗留下的青铜器便更显得弥足珍贵了。

秦朝体现帝王气概的青铜器

公元前221年，秦王嬴政扫平齐、楚、燕、韩、赵、魏六国，统一中国，建立了大秦帝国。

历史上，秦始皇及其仪仗队曾经5次浩浩荡荡巡视统一后的秦帝国。秦始皇坐在装饰精美华丽的车上，威风八面，在前呼后拥的皇

后、嫔妃、宠臣、文武百官、皇子公主侍候下，踏上出巡征程。

秦始皇坐的车称为"金银车"，由6匹马所驾，让太仆亲自赶车。前面的马以虎皮蒙着眼，警跸车开道；后面的马挂着豹尾，并用桃木制作的弓箭辟邪驱魔，其场面之大出乎常人想象。

铜车马，称立车，又叫高车，属仪仗中负责警卫性质的兵车。因为驭手的驾车姿势不同，而有"立为高、坐为安"的分别。

秦始皇做了皇帝之后，就开始修建自己的陵寝，按照"事死如事生"的观念，其陵寝中也有车马、兵器等陪葬品。而在秦始皇帝陵铜车马坑，便发现了两辆用青铜制作，以4匹马拉的战车。

被编号为1号的战车是立车、单辕双轮，车厢为横长方形，车门在车厢的后面，车上有圆形的铜伞，伞下站着御官，双手驭车，前驾4匹马。

2号车为安车，也是单辕双轮。车厢为前后两室，两者之间有窗，上车的门在后面，上有椭圆形车盖。车体上绘有彩色纹样，车马均有大量金银装饰。

秦始皇陵铜车马两乘总重量2.3吨，由6526个零部件组装而成，这两辆铜车马都是事先铸造而成，后又经过细部加工的。是造型最大、系驾关系最齐全、制作工艺最复杂的陪葬车马。因工艺过于复杂，陪葬物仅是实用物的二分之一大小。然尽管如此，它依然堪称我国古代冶金史上的奇迹，被誉为"青铜之冠"。

1号战车为单辕双轮车，车内配置了弩、矢、盾等多种兵器。辕长2.46米，轮径为0.59米，通高1.25米，总重量1061千克，由3064个零部件组成。

车前套驾4匹铜马，中间的两匹服马举颈昂首正视前方，两边的骖马略视外侧，马口微起，鼻孔翕张，像是正在喘息一般。两侧马头微向外转，静中寓动，造型风格和秦陵陶马相似。

伯乐《相马经》一书中论述骏马时说：马头要方，目要明，背要平，胸要厚，腿要长。

这4匹马无一不符合这些条件，它们个个耳若削竹，目似悬铃，头方肚圆，脊干平整，胸部肌肉隆起，腿部筋腱隐隐可见，就连马口中的6颗牙齿都铸得清清楚楚，表明这些马正处于精力最充沛的青壮年时期。

车上立一御官俑，头戴鹖冠，身佩宝剑，身份相当于兵马俑坑中的将军俑。他目视前方，谨小慎微，体现出古代封建社会森严制度下"伴君如伴虎"的高度紧张感。

然而，严肃的表情中又透出一丝轻松。这是因为，他并不是为皇帝御驾而仅是护卫，

表现了心理上的一种踏实。秦代雕塑家一丝不苟、入木三分的雕刻技艺，令人叹为观止。

车分前后，平面呈凸字形，凸突部分是驭手所坐之处。跪坐着的铜御者高0.51米，重52千克。其神态恭敬中又有一丝得意，充分表现出一个高级奴仆的心理。

车室的后面有门，左、右与正前辟有3个窗户。正前窗板为镂空的菱形花纹，窗板可以开启，便于主人与驭手互通信息。

两侧窗可以前后推拉，窗板也是镂空菱形纹，从室内可以观察到车外的情况，但外面的人难以看清车内。篷盖面积达2.3平方米，将驭手也罩在下面。篷用铜骨架、铜条支撑，上覆以绢帛。

4匹马的高度为0.91米至0.93米，长度为1.1米至1.5米。4匹马的重量也不相同，分别为177千克、180.7千克、183千克和212.97千克。耸立于马头之上的是车撑，用于支撑车辕，这样在长途中休息时可减轻马的压力。

2号战车通长3.17米，高1.06米，总重量为1241千克，由大小3462个零部件组装而成，其中青铜制件1742个，黄金制件737个，白银制件983个。

铜车马是帝王之车，其装饰极尽豪华富贵。在这辆车上，所用的金银饰重达7500克之多。加之大量施以彩绘，使整个铜车马显得雍容华贵、光彩夺目。

尤其是铜车马的冶金铸造技术更是令人惊叹不已，采用了铸造、焊接、铆接、子母扣连接等10多种工艺方法制作而成。

如车上的伞篷盖，当初采用了浇铸和锻造两种工艺。伞盖最厚处有0.4厘米，最薄处仅仅0.1厘米，而且有一定弧度。如浇铸水平不高，就会在制造过程中导致铜液流动停滞不前的后果。而秦代工匠能做得如此完美，充分体现了他们高超的技术水平和卓越的创造力。

车窗两头的内孔滚圆，如车门、前窗用的活动铰页，系马肚子、马颈的套环采用了策扣连接。

值得特别提出的是磨和彩绘相结合，大大增强了艺术效果。作者

按马体的不同部位的毛向锉磨，再涂彩色，造成真实的皮毛感。细部的真实和鲜明的质感是这乘铜车马造型艺术的一大成就。

车马通体彩绘，图案花纹风格朴素、明快、大方，以白色为基调的彩绘肃穆典雅，配以大量的金银构件，更显得华贵富丽，这套大型的人俑车马代表了秦代

青铜铸造工艺的突出成就。

秦陵铜车马综合各种工艺技术于一车，是秦代青铜制造、冶金工艺达到高度成熟的集中体现，是中华民族具有光辉灿烂古代文明的历史见证。

秦始皇陵有大型的兵马俑坑，在这里发现的青铜剑比春秋时代的吴、越王剑晚了近200年，两者最大的不同在于长度。春秋以前的剑很短，只有二三十厘米长，春秋时的剑发展到0.5米至0.7米左右，而秦陵完整的9把剑，最长的达0.94米，最短的也有0.81米。

这反映了剑的功能从主要以显示身份的象征物向战场上实用兵器方向发展。

另外，秦剑在设计上不仅长，而且薄、窄，状如柳叶，特别是剑身不完全平直，在离剑头的地方有束腰，即呈弧形内收，从而增加了穿刺的速度和力量。另外，秦剑全是铸造成型，然后进行锉磨。锉磨之后，采用抛光工艺，使剑身光亮平整，没有沙眼，经测试，光洁度很高。2200年前的加工技术能达到这么高的水平，令人惊异。

青铜剑一般都是短剑，它无法做长的原因是青铜材料易折断。在青铜时代，铸剑的关键是在冶炼时，向铜里加入多少锡。锡少了，剑太软；锡多了，剑硬，但容易折断。

秦兵马俑坑中发现了一把完全不同的青铜剑，这把剑的长度竟然超过了0.91米。秦王剑之所以长度超出0.6米，不仅仅是增加锡的比例，主要还是它的外形决定的。

秦王剑从正面看，由剑锷部开始到剑尖，整把剑的形状是呈梯形由宽至窄逐渐变窄，从侧面看，也是由粗变细的，剑身的形状略似于锥体，这样的形状可以减少剑身前端承受的应力，自然不容易折断。

秦剑的代表左剑通长0.93米，身长0.72米。右剑通长0.92米，身长0.71米。两剑的形制相同，剑体长而窄薄，中部起纵脊，近锋处束腰，而且首、格、鞘附件齐全。特别是剑通体光亮，刃锋锐利。经检测，剑表面经过铬盐氧化处理。我国在2000多年前就发明了这种先进工艺，堪称冶金史上的奇迹。

除秦皇陵青铜车马和剑之外，秦朝比较著名的青铜器还有陕西咸阳长陵车站发现的秦青铜蒜头壶，高0.37米，环形腹，细长颈，在壶的近口处鼓大呈蒜头状，分为6瓣。盖底，圈足，通体素面。

另外还有双诏椭升、北寝壶、弦纹鋬等，也都是秦朝不可多得的青铜精品。

拓展阅读

秦朝时，铁器全部用来生产农具，那个时候铁的冶炼技术还不成熟，农具相比于武器显然对冶炼技术的要求更低，因此可以用最先进的铁器去生产粮食。

但武器要求的是可靠性和制造成本的低廉，还有大范围的普及，这些方面来看当时的青铜冶炼技术最成熟，所以秦军武器多是青铜的。

汉代青铜器彰显匠心独运

公元25年，刘秀建立东汉，定都洛阳，开创了光武中兴和明章之治。汉朝是当时世界上最先进的文明及强大帝国。而且文化的统一，为中华民族两千年的社会发展奠定了基础，为中华文明的延续和挺立千秋做出了巨大贡献，华夏族因此逐渐被称为"汉族"。

在汉朝，我国的青铜制造主要是以一些皇家和贵族用具为主。比较著名的有长信宫灯、锉金云纹博山炉、马踏飞隼、镂空云纹壶、楚大官壶、弦纹鎏金熊足樽、龙纹矩形铜镜、兽钮熊足鼎等。

西汉之初，刘揭在消灭吕后的势力中立下了汗马功劳，因此被封为阳信夷侯。汉景帝时期，刘揭的独生子因参与"七国之乱"而被废除了爵位，他的财产被没收，进入了长信宫，其中就包括一盏做工精巧的青铜灯。

长信宫是汉景帝时皇太后窦氏居住的宫殿，这盏灯被送入长信宫浴府使用，故又增加了"长信宫"字样的铭文以示宫灯易主。后来，这盏灯又由窦氏送给她心爱的孙儿刘胜。刘胜之妻窦绾将铜灯视为珍宝，死后就将灯随她埋入河北省满城县中山靖王刘胜夫妻墓中。

此灯的形态为一跪地执灯的梳髻覆帼，着深衣的跣足年轻侍女，手持铜灯。整件宫灯通高0.48米，重15.85千克。由头部、右臂、身躯、灯罩、灯盘、灯座6个部分分别铸造组成，头部和右臂可以组装拆卸，便于对灯具进行清洗。

宫灯部分的灯盘分上下两部分，刻有"阳信家"铭文，可以转动以调整灯光的方向，嵌于灯盘沟槽上的弧形瓦状铜版可以调整出光口开口的大小来控制灯光的亮度。右手与下垂的衣袖罩于铜灯顶部。

宫女铜像体内中空，其中空的右臂与衣袖两片弧形板合拢形成铜灯灯罩，可以自由开合。燃烧的气体灰尘可以通过宫女的右臂沉积于宫女体内，不会大量散逸到周围环境中。灯罩上方部分残留有少量蜡状残留物，推测宫灯内燃烧的物质是动物脂肪或蜡烛。

灯盘有一方銎柄，座似豆形。宫灯表面没有过多的修饰物与复杂的花纹，在同时代的宫廷用具中显得较为朴素。灯座底部刻铭文9处，共65字，内容包括灯的重量、容量、铸造时间和所有者等。

宫灯通体鎏金，光彩熠灼。宫女身穿长衣，衣袖宽大，她面目端庄清秀，凝眸前视，目光十分专注，头略向前倾斜，神情恭谨、小心翼翼，表现出一个下层年轻宫女所特有的神态。宫女双手持灯，左手持灯盘，右臂上举，宛如举灯相照的神态。

长信宫灯采取分别铸造，然后合成一体的方法，此灯设计之精巧，制作工艺水平之高，在汉代宫灯中首屈一指。

长信宫灯形象秀美，设计精妙，将灯的实用功能、净化空气的原理和优美的造型有机地结合在一起，整个造型自然优美、舒展自如、轻巧华丽，一改以往青铜器

皿的神秘厚重，是一件既实用、又美观的灯具珍品，体现了古代匠师的创造才能以及当时的科学技术水平。

长久以来，长信宫灯一直被认为是我国工艺美术品中的巅峰之作和民族工艺的重要代表而广受赞誉。这不仅在于其独一无二、稀有珍贵，更在于它精美绝伦的制作工艺和巧妙独特的艺术构思。堪称"中华第一灯"。

刘胜墓同时发现的一件金青铜云纹博山炉高0.26米，腹径0.15米。炉身呈半圆形，炉盘上部和炉盖铸出高低起伏的山峦。博山炉汉代开始出现，多为铜铸，后代多有仿作。香炉的肇始起因于焚香习俗。

西汉初期，汉武帝之前，已经有了许多专用于焚香的香炉。古人

多采用焚烧香料的办法驱逐蚊蝇或去除生活环境中的浊气。特别是在南越，薰香的风气更盛。但那时所用香炉造型大都非常简单。

汉代神仙方术流行，汉武帝嗜好薰香，也信奉道教。道家传说东方海上有仙山名称"博山"。武帝即遣人专门模拟传说中博山景象制作了一类造型特殊的香炉，即博山炉，博山炉盖做尖锥状山形，仿佛传说中的海上仙山。

刘胜墓发现的这件锉金青铜云纹博山炉，炉盖呈尖锥状博山，因山势镂孔，雕塑出生动的山间景色。通体用金丝和金片锉出流畅、精致、舒展的云气纹，金丝有粗有细，细的犹如人的头发丝一般。座把呈透雕3龙出水状，龙首顶托炉盘，象征着龙为沟通天、地、人三界的神兽。

炉盘装饰以锉金流云纹。盘上部铸出峻峭起伏的山峦，奇峰耸出，山林间饰锉金线神兽出没、虎豹奔走，轻捷的小猴蹲踞在高层峰峦或骑在兽身上嬉戏玩耍。

猎人们出现在山间，有的肩负弓弩，有的正在追捕逃窜的野猪，气氛紧张，画面生动。两三棵小树点缀其间，刻画出了一幅秀丽山景和生动的狩猎场面。

当薰香点燃时，香烟透过峰谷间铸有的空隙缭绕于山间，产生山景迷蒙，群兽灵动的奇异效果。炉器座较低，座把由透雕的3条蛟龙腾出波涛翻滚的海面，盘成圈足，以龙头擎托炉盘随风飘荡的流云。

被"锉金锉银"工艺装饰过的器物表面，金银与青铜呈现出不同的光泽，彼此之间相映相托，将图案与铭文衬托得格外华美典雅，色彩对比纹饰线条更加鲜明，艺术形象更为生动。该作品色彩黑、黄呼应，工艺精湛，装饰华美，是一件古代青铜珍宝。

汉时博山炉有竹节形长柄熏炉和短柄龙座熏炉等形制，而以短柄博山炉最为常见，其器身较短，较适合于当时席地而坐时置于席边床前或帏帐之中。而另一类长柄炉多适用于宴会等公共场合。

汉武帝之后，博山炉依然十分流行。据记载，汉宣帝时的博山炉上还刻有刘向做的铭文："嘉此王气，崭岩若山；上贯太华，承以铜盘；中有兰绮，朱火青烟。"

据《西京杂记》记载，汉成帝时，长安的著名工匠丁缓，就曾制作了极为精巧的9层博山炉，镂以奇禽异兽，"穷诸灵异，皆自然运动"。丁缓还做出了更为著名的放在被褥里用的"被中香炉"，其原理与现代航空陀螺上的万向支架完全相同。

博山炉盛行于两汉与魏晋时期。后来，这种炉盖高耸如山的博山炉逐渐演变成香炉的一个固定类型。后世历代都有仿制，并各有变化，留下了各式各样的博山炉。

虽然在博山炉之前已经有了熏炉，但都不像博山炉那样特点明确，使用广泛，影响久远，所以人们也常将博山炉推为香炉的鼻祖，并常把"博山"、"博山炉"用作香炉的代称。

"锉金锉银"工艺到了战国时期已经发展得十分成熟，不仅容器、带钩、兵器等使用"锉金锉银"，在车器、符节、铜镜和漆器的铜口、铜耳等处，也大量使用精细的"锉金锉银"纹饰。

因为这种工艺制作复杂，材质昂贵，所以当时也只有贵族才能使用。而东汉以后，盛极一时的"锉金锉银"工艺逐渐被当时的战乱淹没了。

马踏飞隼，又名马踏飞燕、马超龙雀、铜奔马，发现于甘肃省武威雷台的东汉墓。墓主身份，依考据马俑胸前的铭文，应为"守张掖长张君"陆墓，赙赠者为"左骑千人张掖长"。

西汉初年，由于张骞开通了"丝绸之路"，大宛国的特产大宛宝马也传入了中原，汉武帝非常爱好这种宝马，称之为"天马"。

马踏飞隼就表现了一匹躯体庞大的大宛宝马踏在一只正疾驰的飞隼背上，隼吃惊地回过头来观望，表现了骏马凌空飞腾、奔跑疾速的雄姿。真正形成了天马行空的一种神奇的势态，产生出一种强烈的动感，的确是一件引人入胜的古代造型艺术精品。

奔马身高0.34米，身长0.45米，宽0.13米。形象矫健俊美，别具风姿。马昂首嘶鸣，躯干壮实而四肢修长，腿蹄轻捷、三足腾空、飞驰向前，一足踏飞隼。这匹铜奔马以隼作为托衬，主要是为了表现马奔跑的神速。因为隼飞行的速度可达每秒80米，只有大宛宝马才具有这样的优良特性。

从力学上分析，马踏飞隼为飞隼找到了重心落点，造成稳定性。

"马踏飞隼"虽然是静止的，但却给人以静中有动、半空虚蹈、一跃千里的感觉。铸造以娴熟精深的技巧，把所具有的力量和速度整合成充沛流动的气韵，并浑然一体地贯注在昂扬的马首、流线型的身躯和刚劲的马腿上。

这种浪漫主义手法烘托了骏马矫健的英姿和风驰电掣的神情，给人们以丰富的想象和感染。既有力的感觉，又有动的节奏。

马踏飞隼中的马同一侧的两条腿同时向一个方向腾起，这种姿态有一个专门的术语叫"对侧步"。这在一般马的奔跑中是看不到的。但是可以在野马及其他野生动物那里，欣赏到这种步伐的风采。难怪人们认为它反映的是天马的雄姿。

汉朝的青铜珍品，还有山东淄博古墓陪葬坑发现的东汉齐王墓"龙纹矩形铜镜"，镜长1.15米，宽0.57米，重56.5千克。背部有5个环形弦纹钮，两短边又各铸两钮。每一环钮四周饰柿蒂形纹。背又饰有夔龙纠结图案，卷曲交错自如。

这件大型铜镜大概要用柱子和座子加以支撑，镜背面和边上的钮可能就是与柱子和座子固定时用的。另外，四川省绵阳市汉墓发现的东汉青铜摇钱树也为青铜精品，通高1.98米。整体由基座、树干、树冠等共29种部件衔接扣挂而成。

基座为红陶质，树用青铜浇铸。树冠可分7层，顶层饰凤鸟为树尖；其下两层的树干与叶合为一体，饰西王母、力士和璧等图案；下部4层插接24片枝叶，向四方伸出。饰龙首、朱雀与犬、象与象奴、朱雀与鹿以及成串的钱币等图案。

特别有意思的是，树干上有造像，两侧各有一条飞龙。人像站立状，身着袍衣，双手下垂合于腰前，整体造型美观而大方。

细看枝叶，每两片为一对，有如芭蕉叶的，叶片上铸有圆形方孔钱，每钱相互连接，铸有一人做弯腰伸臂捡钱状，叶片外侧四周犹如太阳的光芒，延生出许多长短不一的万缕细丝。有如椭圆形的，一头为核桃大小的圆环，两侧铸有飞龙，龙头顶着钱币，两龙之间用钱币连接，叶片外侧如同刺猬般的短刺所包裹。

拓展阅读

1969年9月10日，甘肃省武威地区金羊乡新鲜大队的民工，在武威县北郊雷祖庙的雷台之下开挖战备地道时，无意间挖掘出了一座东汉的将军墓，出土文物共计231件，其中有一雄伟壮观的仪仗队，在仪仗队伍的最前面带头的，就是马踏飞隼。

开始时，考古人员认为这只飞鸟的原形是燕子，就把这匹铜奔马取名为"马踏飞燕"，俗称"马踏飞鸟"。后来大家再经过仔细辨认，发现这只飞禽尾部的羽毛不是分开的，而燕子的尾部是分开成剪刀形状，所以它不应该是燕子。另外从马与飞禽身体比例来看，飞禽也显得很大，因此它应该就是隼。

1985年，武威市将"马踏飞隼"定为象征武威腾飞的城标。1986年，被定为国宝级文物。

汉代以后珍稀的青铜精品

　　我国两晋南北朝至隋唐时期，青铜器制作开始走向衰退，至宋元明清时期，流行的则是对古代青铜器的仿制，仍然坚持向前发展的只有铜镜的制作。三国、两晋、南北朝至隋统一前这300多年间，虽然战争长期不断，但其间也有相对的和平稳定时期。

　　这一时期的青铜冶铸业，南方较北方兴盛，湖北鄂城曾发现了吴、晋时期的采铜和炼铜遗址，并红烧土和炼渣，但从总体看，比两汉时代衰退了。湖北鄂城是孙吴前期的都城，据传世或发现的铜镜镜铭看，当时在鄂城设有铜镜制造行业，当地冶铜业颇为兴盛。这一时期的青铜制品，从器物种类到风格特征，主要是沿袭两汉以来的传统，但一般较汉代铜器要粗糙许多。

而由于各民族融合，在青铜器铸造上也表现了各民族相互学习和借鉴而形成的共同文化特点，当然，有些青铜器在一定程度上也反映了某一民族的特色。

三国、两晋时期铜器种类仍以日常生活中使用的器皿为主，主要有：釜、鐎斗、勺、酒樽、耳杯、洗、博山炉、灯、炭炉、熨斗、唾壶和铜镜等；武器主要有弩机、刀等；车、马器主要有镶、辖。

西晋时期比较有代表性的是一件龙首柄鐎斗，敞口，带流，曲折龙柄，竹节足。鐎斗的柄端做成龙首，口微开，口内含珠，龙角向后紧贴长颈，龙眼外突炯炯有神地探视前方，长颈曲折，恰似蛟龙横空腾飞，形象生动。此器仍完好无损，弥足珍贵。

鐎斗又称"刁斗"，是古代青铜炊具，盛行于战国汉及魏晋时代，一般认为镩斗为温羹器，是军队用的一种铜制的锅，白天用它烧饭做菜，夜里做打更的柝用。器身做盆状，腹较深，可储食物。

腹下三足临空着地，供堆放柴火燃料加热之用。这一时期，镩斗形体常常较先前瘦高些，腹沿伸出一长柄，柄端常做成龙首形或兽头形，便于握提。

两汉时代的酒樽，多做圆形，直壁或圆形鼓腹，下均有3短足，有的在腹壁有两铺首。两晋时期的酒樽有的则做成长筒形、平底。

铜洗在江苏宜兴晋周处墓和其他地区的晋墓都有发现，其特点基本上沿袭汉代作风。

这时期铜灯上常有纪年，传世的西晋元康元年雁足灯即是，而且雁足灯是三国两晋时期铜灯的主要类型。这一时期青铜弩机相当发达，在形制上与两汉不易区别，但许多弩机均具铭，有的还有纪年，因而可确定其绝对年代，如魏青龙三年弩机。

三国两晋时代的青铜生活用器已进一步被陶瓷器、铁器所代替。青铜器以素面为主，外表较粗糙，仅少部分青铜器具有简单的弦纹，铜洗中饰有鱼纹，也有少数制品鎏金。

铜镜的制作这时得到全面发展，如做于273年的神兽镜，属西晋宫廷器具，发现于河南淇县。镜面圆形，球形钮，钮外浮雕环绕式神兽，结跏趺坐仙人，外有钤印式铭文。

南北朝对峙时代，南、北两方的经济都有一定程度的恢复发展，在各族人民的长期交往中，加深了民族间的融合。这时的青铜冶铸业虽已衰落，但在很大程度上表现了民族文化交流的特点和某些民族的特色。

南朝宋、齐、梁、陈四朝，青铜器的主要种类有锥镰斗、勺、熨斗、碗、杯、盘、唾壶、虎符等。湖北省当阳长坂坡一座南北朝墓发现的铜制品种类较多，有一瓶、一盆、一唾盂、一高足杯、一铜熏。随葬铜制品如此丰富，在南北朝墓葬中是少见的。

这时期镰斗造型多微侈口，盆形平底，直腹或斜腹，口上一侧常有一流，三高蹄形足，直柄或折柄。

江苏省镇江发现的548年的青铜熨斗特征是直腹、平沿、直柄。共有4件，最大的一件熨斗上有朱书文字"一千太清二年二月十六日张"。

青铜碗为扁圆腹、矮圈足。如广东省韶关的一件在器身与口沿还饰有4道弦纹。

隋朝时，各种手工业部门主要在官府控制下制作产品。国家设少府监，"由少府监统左尚、右尚、司织、司染、铠甲等署"。

唐朝朝廷也设有管理各种手工业的机构，其中矿冶业与隋朝一样仍由少府监下的掌冶署管理，掌冶署"掌熔铸铜铁器物之事"。从文献记载看，唐朝采矿冶铸业非常发达，冶铜的处所已达96处。从这时期的青铜器实物资料看，铜镜铸造业此时得到高度发展。隋唐统治者对铸造铜镜颇为重视，如唐中宗时曾"令扬州造方丈镜，铸铜为桂树，金花银叶，帝每骑马自照，人马并在镜中"。

文献还记载扬州要对朝廷进献："土贡：金、银、铜器、青铜镜。"江苏省扬州市西扫垢山有一处多种手工业作坊遗址，其中即包括冶铸造坊。

唐代景云钟铸于711年，故名。此钟原为唐长安城内的景龙观钟楼所用，明初移至西安钟楼用以报时。

景云钟高2.47米，腹围4.86米，口径1.65米，重6吨。用铜锡合金铸成，铸造时分为5段，共26块铸模，钟体可见铸模痕迹。钟形上锐下侈，口为六角弧形。

钟身有可调节音律的"蒲牢"形钟乳32枚，钟声纯美优雅，清脆洪亮。钟身周围铸有纹饰，自上而下

分为3层，每层用蔓草纹带分为6格，共18格。格内分别铸有飞天、翔鹤、走狮、腾龙、朱雀、独角独腿牛等图案，四角各有4朵祥云，显得生动别致。

钟身正面有骈体铭文一段，共292字，分为18行，每行17字，空格14字，字体为篆隶的楷书。此铭文由唐睿宗李旦亲自撰文并书写，内容是宣扬道教教义，阐述景龙观的来历、钟的制作经过以及对钟的赞扬，是李旦传世极少的珍贵书迹。

而几百年后，明代永乐年间，又出现了我国最大的青铜大钟，即永乐大钟，明永乐年间在北京德胜门铸钟厂铸成，铸造工艺精美，为佛教文化和书法艺术的珍品。撞击之，音色好，衰减慢、传播远。充分显示铸造工艺高超，奇妙独特。

初创于2000多年前商周时代的陶范法，至明代，在能工巧匠手中早已成为驾轻就熟、炉火纯青的工艺。他们能够制作出精美实用的大钟。

明成祖朱棣登基之后，想通过铸佛钟来超度死去将士的亡灵，并假借佛祖之名为自己篡位找到一个借口。道衍和尚猜出了明成祖的心思，请旨铸钟，于是诞生了"永乐大钟"。

永乐大钟上的铭文据说是大书法家沈度率京中名士先在宣纸上把经文写就，然后用朱砂反印到钟模上，再由工匠雕刻成凹陷的阴文。剩下的事，便是以火为笔，以铜为墨，将这光洁挺秀、见棱见角的22.7万金字一挥而就了。

1420年前后，永乐大钟铸成，朱棣传旨把大钟悬挂于汉经厂。汉经厂位于紫禁城的边上，属于皇家宫殿群的一部分。

永乐大钟可以说是一口集我国各类古钟之大成的巨钟。它通高6.75米，最大直径3.3米，钟壁厚度不等，重约46吨。钟体内外遍铸经文，共22.7万字。

铜钟合金成分为：铜80.54％、锡16.40％、铝1.12％，为泥范铸造。除含有铜、锡、铅、铁、镁外，还含有金和银，而且含量很高，其中含金18.6千克、含银38千克。

金铸在铜器中，可防止锈蚀，银则可提高浇铸液的流动性，这正是永乐大钟500多年保持完好，钟声依然洪亮悠扬动听的原因。

永乐大钟有"五绝"。第一绝是形大量重、历史悠久；第二绝，永乐大钟是世

界上铭文字数最多的一口大钟；第三绝是大钟奇妙优美的音响，有人给永乐大钟的钟声下了8个字的评语："幽雅感人、益寿延年"；第四绝是大钟科学的力学结构。永乐大钟的悬挂钮是靠一根与钟体相比显得很小的铜穿钉连接的。别看穿钉很小，却恰恰在它所能承受40多吨的剪应力范围之内；第五绝是大钟高超的铸造工艺。

最为举世罕见和引人惊叹的奇迹，莫过于将22.7万字的佛教经文和咒语上上下下、里里外外铸满了大钟的每一寸表面。明成祖晚年潜心撰写《诸佛世樽如来菩萨樽者神僧名经》40卷。其中前20卷便铸在永乐大钟上。

钟上的铸字还有许多其他汉文佛经和梵文佛咒。23万字的版面，安排得如此匀称整齐，从头至尾绝无空白，又一字不多一字不少，真要经过一番精心的运筹和计算。

永乐大钟作为一个发声装置，体现在几何形状大致固定的情况下，单靠厚度的变化就能带来极为丰富的泛音。重击一次，钟声持续时间可达3分钟之久，可以传出四五千米之远。最后绕梁不绝的余音是